教师情感表达与师生关系构建丛书

丛书主编 朱小蔓

U0866933

教师情感表达与师生关系构建
操作手册

小学 教师卷

主编◎刘胡权

北京师范大学出版集团
BEIJING NORMAL UNIVERSITY PUBLISHING GROUP
北京师范大学出版社

图书在版编目(CIP)数据

教师情感表达与师生关系构建操作手册. 小学教师卷/朱小蔓，刘胡权主编. —北京：北京师范大学出版社，2018.10(2022.1重印)

(教师情感表达与师生关系构建丛书)

ISBN 978-7-303-23946-7

Ⅰ. ①教… Ⅱ. ①朱… ②刘… Ⅲ. ①小学教师－教学工作－手册 Ⅳ. ①G451－62

中国版本图书馆CIP数据核字(2018)第162374号

营销中心电话 010-58802135 58802786

北师大出版社教师教育分社微信公众号 京师教师教育

出版发行：北京师范大学出版社 www.bnupg.com

北京市西城区新街口外大街12-3号

邮政编码：100088

印　　刷：北京虎彩文化传播有限公司

经　　销：全国新华书店

开　　本：787 mm×1092 mm 1/16

印　　张：10.5

字　　数：160千字

版　　次：2018年10月第1版

印　　次：2022年1月第3次印刷

定　　价：36.00元

策划编辑：路 娜 郭 翔　　责任编辑：薛 萌

美术编辑：焦 丽　　装帧设计：焦 丽

责任校对：陈 民　　责任印制：马 洁

版权所有　侵权必究

反盗版、侵权举报电话：010－58800697

北京读者服务部电话：010－58808104

外埠邮购电话：010－58808083

本书如有印装质量问题，请与印制管理部联系调换。

印制管理部电话：010－58805079

丛书总序

“教师情感表达与师生关系构建丛书”是基于“全球化时代的‘道德人’培养——教师情感表达与师生关系构建”项目的系列成果。这个项目由本人主持开展，2018 年已进展到第 4 年。本丛书是我们在前几年开展活动及进行理论和实践探讨基础上形成的成果。本丛书现在由北京师范大学出版社出版，希望能借此让广大一线教师在教育教学活动中对情感表达及师生关系构建有更好的认识和相应的实践改善。

本人在《情感教育论纲》中曾指出：“研究情感教育也就是研究人的情感与人的生存发展的道德关系、认知关系、审美关系、价值关系如何取得最佳状态。”因此，情感教育的过程必然不排斥知性教育，更不把情感与知识、道德等对应或者割裂开来，而是将“情感”作为辐射教育活动和人的发展全领域的基础性、全息性因素看待。情感教育是以个体的生命活动规律及其呈现出来的情绪、情感状态为生理依据，以教育的方式，将与人的发展密切相关并且对于人的发展具有重要影响的情绪、情感进行正向、积极的引导，并使其生长出新的情感品质。

从 20 世纪 80 年代开始至今，由于复杂的文化发展和历史原因，特别是受西方技术理性主义思想影响，受全球化体系下的竞争性文化、绩效文化的冲击，教育中越来越强调量化的绩效和问责，导致人的鲜活、丰富的精神世界和教育、学习活动中的情感被忽视、缺失等问题愈来愈严重。因此，在实践和理论研究中探索情感教育更具有现实的针对性。

正是基于本人 30 多年来对情感教育的理论探索，以及对现实教育场域中情感教育的极大缺失所带来的道德滑坡、师生关系恶劣带来的极端恶性事件的时常发生感到痛心，深感有必要更多地进入教育现场中为改善学校情感生态环境尽一份力。从教师情感表达和师生关系的构建切入，是因为我们认为教学是学校生活的核心，教师和学生主要是在教和学的过程中建立师生关系。

教师是教学的组织者和引导者，教师情感表达的质量、方式和效果成为构建良好师生关系的关键。因此，在项目的实施中，我们从“情感”切入，引导教师在教学生活中关注师生双方，特别是学生在教与学中的感受，引导教师关注教学过程中的体验，努力摆脱既定的教学设计对教学过程中不确定的、充满活力的生命的束缚，及时调整教学设计和教学评价，特别是关注师生之间、生生之间有质量的导向学习和互动探究。同时，我们也关注教师课堂生活之外的学习，帮助教师提升整体人文素养和回应情感需求的敏锐性。

我们从一开始就是从教育现实的问题中来，凭借多年在情感教育领域的理论探索，回到教师实践中去，是理论和实践融合并相互补充的方法路径。我们组建了包括大学研究者和优秀一线教师的大型研发团队，历时两年多，研发编写了《教师情感表达与师生关系构建操作手册》(幼儿园、小学、初中三卷本)。同时在两所种子学校，即北京中学和江苏省南通田家炳中学进行扎根式的教师情感素养培育，在课堂中与教师开展持续的“情感—交往型”课堂观察和研讨，并将出版“情感—交往型”课堂教学指南和示例作为该丛书中的一部。在项目开展过程中，我们凝聚了一批志愿投身情感教育课堂实践中的教师，也希望以出版物的形式分享他们的思考和实践以飨读者，召唤、吸引更多志同道合的教师实践情感育人的事业。

这是一个加速变化的时代，人们的物质欲望在消费的快速更迭中不断被激发，人工智能的发展不断地对各种职业包括教师职业提出挑战。但是，在技术大有取代人的形势下，情感教育更是凸显出其重要性，因为正是情感使得人无法简化为一种如智能机器一般仅仅作为功能性的存在。在师生交往中培育优美的情感和指向善的完整人格，是立足时代又超越时代的教育主旨。希望我们所做的情感教育实践的努力，能够为教育的正本清源贡献一些力量。

最后，衷心感谢香港田家炳基金会对项目的慷慨资助。感谢北京师范大学教师教育研究中心为项目提供的智力支持。感谢北京师范大学教育基金会对项目的支持。感谢北京师范大学出版社对丛书出版的支持。感谢我的项目团队，特别是两所种子学校北京中学和江苏省南通田家炳中学老师们的热情参与。

朱小蔓

2018 年 6 月

CONTENTS

目录

引言

教育是人类社会中人与人之间一种特殊的情知相连的互动交往活动。在学校教育这一特定的环境内，教学的发生建立在教育性的师生关系基础之上。在师生交往的过程中，情感是师生关系构建最基本的线索、渠道，师生之间形成的情感氛围、情感体验对学生发展有重要影响。“教师情感表达与师生关系构建”旨在通过和一线教师共同研究、探讨和实践，提升教师在师生交往中的情感表达水平，提高教师情感素质，改革学校教育教学实践，促进学生生命的积极健康成长。

一、教师情感表达的意义及价值

联合国教科文组织报告《教育——财富蕴藏其中》里这样定义教育：教育应当促使人的身体、智力、审美和精神都得到发展。这一定义的意义在于，提出教育是促使人的全面发展，是培养完整的人。朱小蔓教授在《情感教育论纲》中指出，“对教育要作完整的理解，不能回避、抽离情感层面”。情绪、情感是人类精神生活中最重要的组成部分，是人类经验中最亲近的体验、人类行动中最复杂的感受。她将情感看作人的发展所必需的一种基模性的质料，“它与生俱来，不断发育成为支持德、智、体、美诸方面素质发展的基础性、内质性材料”①。情感是人的发展的基础。

教师情感对于和谐师生关系构建具有重要意义。内在情感和精神世界丰富并保持开放性的教师，能够关注儿童的情感(包括情绪)的表达，敏锐地发现学生沉默、对抗等消极情绪背后的精神活动，并创造性地寻找到转化学生消极情绪为积极的行动动机的契机。这就需要教师不仅关注学生外在的学习

① 朱小蔓：《情感教育论纲》，自序，3页，北京，人民出版社，2007。

行为，更要关注学生的精神世界，需要教师具有情感的敏感性，需要教师自身是情感饱满丰富的人。教育是心灵的培养。苏霍姆林斯基在《和青年校长的谈话》中谈到，教师是有情感修养的人，儿童每天都在亲身感受老师对其行为举止在他的心灵深处做出的最细腻的情感反应。这种反应就是用人道精神进行教育的强大基础，离开它，就无所谓学校。①

现在关于教师专业发展的理论和实践，往往比较强调教师在学科知识与技能意义上的“专业性”，强调教师职业生涯必须追求专业发展而忽视情感在教师成长中的重要性。如果没有教师本人对所教学科的挚爱甚至痴迷、执着的情感，没有经常性的对胜任该学科教学的自我肯定的积极体验，不但他自己是走不远的，而且也无法影响学生的情感态度价值观。情感对教师成长的重要意义在于，在教育实践活动中，教师具有敏感性，能够敏锐发现学生的情感需求，理解、表达并与学生沟通，做出恰当的情感应对。因此，在实践操作中，教师有无情感—人格资质与技能、是否形成情感交往关系或“情感场”、受教育者是否有情感经验的积累或改组，这些不仅是判断教师情感素质的重要指标，也是衡量教师专业成长的重要标志。②

二、手册的定位、目标及架构

本手册试图通过对教师情感表达原则、策略、方法等的研究，构建起良好的师生关系。我们认为，师生交往作为最重要的教育实践，具有教育性。教师和学生是作为社会基本元素的人，在人与人的交往过程中都有与他人建立情感联结的需要，以维持人类社会中最基本、最普遍存在的人际关系。在学校教育中，如果没有师生关系的建立，孤立的教和学都是不存在的。但是，教学中的师生关系并不是在课堂中天然生成的，师生之间如果没有真实情感和思想的交流，就不存在真正意义上的师生关系。

因此，该手册希望通过对教师情感表达的“识别—回应—调控”逻辑线索的梳理，帮助教师认识到教师情感表达对于良好师生关系建立的重要性，帮

---

① ［苏］苏霍姆林斯基：《和青年校长的谈话》，赵玮等译，123页，北京，教育科学出版社，2009。

② 朱小蔓：《关注心灵成长的教育——道德与情感教育的哲思》，71页，北京，北京师范大学出版社，2012。

助教师构建起实施情感表达的认识框架及技能、策略、方法等，从而启发、带动教师自主开始行动研究，进行观察、反思、讨论、实践及再反思，希望通过这种方式提升师生情感交往的质量，丰富师生交往的内在精神意蕴。

小学阶段学生的身心成长与情感发展跨度比较大，考虑到小学阶段的实际情况，我们将小学阶段细分为"以入学适应为主"的低年级(1～2 年级)、"成绩分化较为明显"的三四年级和"自我意识萌发"的高年级(5～6 年级)。在每个阶段，我们以小学生遇到的显著问题为切入点，思考教师面对这些问题如何更好地进行情感回应，如何识别、觉察、发现学生的问题，在此基础上做出适切的表达，并调适好自己的情绪情感。同时，我们也围绕这些问题的情感回应，为教师们提供了一些"脚手架"和深入思考的拓展资源，希望这些资源能有助于教师的思考和行动，也希望教师能够参与进来，提供自己在面对这些问题时的教育机智。让我们共同努力，从自身做起，提升我们的情感能力，构建和谐、健康的师生关系！

第一章　入学适应阶段的教师情感表达与师生关系构建

告别幼儿园进入小学，这是孩子生命中一个重要的转折点。忘记写作业、上课时间长坐不住、早上迟到、不想去上学、不能完全适应新的学习生活，小学生各种状况频频出现。而同时，教师面对纯真、善良、稚气的小朋友，如何适应他们的天性，进行有效的引导，也是需要解决的重要问题。教师面对小学生的入学适应性问题，如何通过适切的情感回应，帮助小朋友适应小学生活和学习？

第一节　识别儿童的情感需求

一、情境再现：入学的烦恼

（一）注意力难以集中

【案例】　　老师你让我说什么

一天英语课上，我的主要任务是教五个水果的英文单词。我把学生以小组为单位，让他们一个接一个拿着漂亮的西瓜卡片，假装吃一口再说一次 a watermelon。当轮到小海这一组时，我发现小海没有在听课，还不停地扯自己的小外套，时不时地还转过身去跟后座同学说话。我拿着西瓜卡片来到了这组问："你们这一组的同学，想不想吃西瓜啊？"这句话本来是想提醒孩子们集中注意力，同时也带有一定的激励作用。但没想到，小海大声地说："不想吃！"我有点手足无措和略微生气，既然之前问了问题，学生说不想，于是进行下一个教学环节。

然而，没过多久，小海就无所顾忌地玩了起来，我忍无可忍了，就让他站到教室前讲台旁边来听课。下课了，小海倔强地站在我面前，不肯承认自己上课随意说话和玩耍是不对的，于是僵持不下。班主任让我先走了，说她来处理。

下午，小海来找我道歉。当时我正在电脑里敲他的名字，思考小海为什么会这样，该怎么做才更好，忽然就发现旁边多了一个小孩，含泪跟我说着道歉的话。我瞬间被孩子道歉的话、委屈知错的脸庞和天真无邪的表情给融化了。当时我特别感动，鼻子一酸，眼泪差点就出来了。我看着小海说："老师原谅你了。"然后拥抱了一下他。

之后，班主任说，这孩子实在倔强，有时候得哄着。中午找了几道数学题让他算，他的注意力被数学题吸引，全都做对了，他也开心起来。在这时候，循循善诱、好言相劝才会起作用。小海也意识到自己的错误，他说："英语课，我不是不想吃西瓜，是因为我不会说西瓜这个英语单词，我不知道当时杨老师让我说什么。"

【案例反思】如何看待小海的"捣乱"？

（二）规则难以适应

【案例】记得那是一个下午该放学的时候，学生们都在收拾自己的书包，见他们收拾得很慢，我用上了老办法，"我从一数到十，看谁能很快收拾好书包到楼道里排队。"看着绝大多数学生已背好书包到楼道里排队去了，我用比较重的语气说了声"十"。话音刚落，只见小林把手中的书和文具一起抛向了空中，并站在原地大哭起来。我走过去问他："你怎么了？""我收拾书包太慢了，呜……"他边哭边说。"你看，你把书都扔在了地上，这样收拾书包的速度不是更慢了吗？你赶快把东西捡起来收拾好，我们在楼道里等你，好吗？"他点了点头，于是我到楼道里组织其他学生排好队等他。由于不太放心，我又重新回到教室看他。眼前的一幕真是让我出了一身冷汗，只见他站在窗台上，一条腿已经跨出窗台的护栏，双手正在开窗户……以我的力量和能力，保证孩子的安全是没有问题的，但我为他选择的解决方式感到恐惧，也很气愤。从没有经验告诉我这种情况该怎么办，一种责任感让我马上冷静了下来……

我让闻讯赶来的数学老师带走了其他的孩子，自己放慢脚步，并用最平和的声音叫小林的名字。小林停止了他的动作，回过头来用一双泪眼看着我。

“你在干什么?”我微笑着问他。“我要跳楼，我不想活了。”他依然站在那里大哭。我伸出了一只手给他，“来，下来，和我说说话好吗?”他涨红了脸，执意不肯下来。我索性又放开了他的手，“你是因为收拾书包慢才准备跳楼的吗?”“是。”他继续大哭。“可是你跳下去了，书包里的书该怎么办？就没人管它们了，它们可没办法回家了。”他听了一愣，哭泣声也渐渐小了。“来，来，我看谁最听话，能先回家。”我蹲下身去，一边收拾一边念叨着。他从窗台上转过身来，好奇地看着我，突然不知又想起了什么，又哭起来了。这次我没去哄他，举起手里的一把尺子，“它是住在哪里的?”“铅笔盒——”他边抽泣边指给我看。“好吧，尺子回家了！看，铅笔盒多高兴。我们一起来送它们回家吧。”我顺势把他抱了下来，他没有拒绝，慢慢恢复了平静。我笑着告诉他：冲动是魔鬼。

坐在教室里，我们一起探讨怎样将东西有规律地分类放，怎样才能把东西很快地收拾好。通过几次练习，他基本掌握了收拾书包的方法，笑容又回到了他的脸上。“看你多聪明呀，只要想办法就没有做不好的事，这才是男子汉。你说对吗?”“对!”他大声地回答。“你刚才做得对吗?”他不好意思地低下了头。“今后不能那样做了，那样做的孩子是胆小鬼。再遇到解决不了的困难，你还可以来找我。我们是好朋友。”我握住了那双汗津津的小手，他仰起头送给我一个不好意思的微笑。这时，神情慌张的妈妈出现在教室的门口，孩子愣了，没容他说什么，我马上拉起他的小手走到妈妈身边表扬了他的进步，并让他给妈妈表演了一遍，孩子带着新学的本领蹦蹦跳跳地离开了学校。

【案例反思】如何看待教师的“规则”?

（三）情感难以寄托

【案例】小韩成长环境不好，父母感情不太好，经常发生家庭暴力，母亲没有太多时间陪他。开学几天以后，小韩喜欢上了温柔细腻的数学老师，他下课总去办公室门口，偷偷看一眼老师。有时老师不在，他会一脸失望地回教室；有时老师在，他也就心满意足地回去了。有时，他会在休息时间和老师聊天，或站在旁边看老师。当然，还有时候放肆地在办公室奔跑、打闹、嬉戏，完全把办公室当成自己家了。他衣服破了找老师，铅笔盒坏了找老师。

他每天送给老师小礼物，有折纸，有自己的画，甚至还有零食。

【案例反思】如何看待小韩对教师的依恋？

二、认知堂：理解儿童问题背后的情感需求

（一）信任感、安全感

人们处于一个流动性强、缺少安全和信任的社会环境，高度流动和高速变化的社会少了中国乡土社会彼此熟悉而相互监督的熟人伦理，流动意味着人与人之间的交往变得浅显而快餐化。部分后现代主义者所倡导的怀疑一切、消解一切也使得人们之间的信任只减不增。

在学校教育中，部分师生之间缺少足够的信任，信任关系没有建立起来，这对教育非常不利。人与人之间的信任关系是进行良好人际交往的前提。学生尤其是小学低年级学生，需要在信任、安全的人际关系环境中成长，信任与安全是学生成长的必要条件。生活在恐惧中的人会变得心理畏缩、精神萎靡、身体发育不良。因此师生之间的信任关系及其表达对于教师的工作而言十分必要。

信任感不属于理性和非理性（情感）两个极端中的任何一端，情感和理性在信任中都占有十分重要的地位。信任可以使彼此跨越孤立、与世隔绝的鸿沟，彼此给予温暖和帮助、获得内心的安宁。吉登斯认为，内心安宁是“大多数人对其自我认同之连续性，以及对他们行动的社会与物质环境之恒常性所具有的信心。这是一种对人与物的可靠性感受”①。

师生之间的信任关系是德育活动有效开展的前提条件，是德育过程的简化机制，是学生获得道德滋养的空间。良好的信任关系需要长期的有效互动，需要师生的共同努力。如果没有师生之间，尤其是教师对学生的信任，那么很多问题就会成为教育问题，甚至被看作学生的问题，然而事实可能并非如此，问题出在师生关系中缺少对彼此的信任。如果有了信任，很多问题都可以化繁为简、迎刃而解。

信任对于小学生特别是小学低年级学生而言尤其重要。信任可以帮助学

① ［英］安东尼·吉登斯：《现代性的后果》，田禾译，80页，北京，译林出版社，2000。

生获得安全感。爱和信任作为学生获得安全感的基础，正如博尔诺夫所言，“在教育过程中，确保儿童获得安全感，使儿童始终感到自己在受到关心、爱护和信任”①。安全感和信任感可以减少学生的焦虑和入学适应不足、准备不足等问题。如果学生没有获得安全感和信任感，就会采取过度自我保护措施，对于男生而言主要是攻击性行为。

教师需要积极做出行动，建立以信任为基础的师生关系。教师信任学生具有发展的可能性和可塑性，信任人性中的光辉。教师对于学生的信任至少有三种类型：

(1)人格型的信任。在陌生的师生交往之初，并不存在所谓不信任关系，而是体现为一般性的信任关系，即一般都表现为相互认可和接纳，而不是提防、对抗和斗争。例如，一个班级初步建立，教师和学生彼此没有了解，师生之间的信任关系建立于彼此的身份之上，即教师和学生的一般信任关系。

(2)认知型的信任。这一信任类型显然要比人格型信任牢固了很多。就教师而言，认知型信任是教师基于对学生可信任度的理性认识和判断，即充分了解学生，以便充分预测学生的行为。在认知的基础上，教师可能会对部分学生产生不信任，而这一阶段则需要教师和学生的共同努力。

(3)情理交融型的信任。长期的交往实践使师生之间产生了情感联结，信任者通常不再考虑对方在某一事件中的可信任性，即便从认知上认为对方某一行为不可信任，但对其仍抱有信任，因为双方建立起了比较坚实的情感基础。学生的成长最需要的恰恰就是这种安全感与信任感，或者说免于恐惧的情感。

【小统计】

表 1-1　你跟学生的信任是什么类型

信任类型	特点	占比
人格型	在陌生的师生交往之初，表现为相互认可和接纳	
认知型	基于对学生可信任度的理性认识和判断，即充分了解学生，以便充分预测学生的行为	
情理交融型	长期的交往实践使师生之间产生了情感联结，信任比较坚实	

---

① ［德］O. F. 博尔诺夫：《教育人类学》，李其龙等译，译序，17 页，上海，华东师范大学出版社，1999。

（二）依恋感

根据脑神经学家的研究，依恋是人类的印刻，是个体生存能力的特殊反应。儿童早期依恋感的形成和发展，对于他们未来一生的幸福，具有关键性的奠基作用。心理学家普遍认为：依恋是个体生命早期的情感联结，是婴幼儿与抚养者之间一种积极的、充满深情的感情联系，它对于激发父母或抚养者更精心地照料后代及形成儿童最初信赖的个性特点，具有重要的影响。

依恋作为爱的关系的先驱物，与感情得到保证和耐受分离的能力之间有密切的关系；依恋在形成感情联系的能力和儿童向所遇到的挑战进行斗争的能力的过程中，被认为是非常重要的基础力量。其中，母—婴依恋的建立尤为重要，表现为：将多种行为，如微笑、咿呀学语、哭叫、注视、依偎、追踪、拥抱等都指向母亲，最喜欢同母亲在一起，与母亲的接近会使他感到最大的舒适、愉快，在母亲身边能使他得到最大的安慰；同母亲的分离则会使他感到最大的痛苦；在遇到陌生人和陌生环境而产生恐惧、焦虑时，母亲的出现能使他感到最大的安全、得到最大的抚慰；而平时当他们饥饿、寒冷、疲倦、厌烦或疼痛时，首先要做的往往是寻找依恋对象，接近依恋对象的可能性要大于接近任何别人。

母—婴依恋一旦建立，婴儿就会经常欢笑而少哭闹，情绪欢快、活跃而好探索，喜欢玩弄、操作物体，喜欢尝试着接近新事物、新情景甚至陌生人，有助于婴儿形成积极、健康的情绪情感，养成自信、勇敢、敢于探索的人格个性，并促进婴儿智力发展，培养婴儿乐于与人相处、信任人的基本交往态度。

在母—婴依恋建立过程中，母亲对儿童反应的敏感性、接受性促使形成一种稳定的依恋。这种依恋对儿童的合作性、社会性行为及表达正性情绪的能力都有帮助。当它发展成为更平衡的伙伴关系后，它将有助于儿童自我导向及领会别人的感情和关切。因此，依恋感的培养又是移情能力和同情心形成的基础。

依恋感形成和发展的最佳时期，是在婴幼儿时期。研究者认为，母—婴依恋印刻于出生之初，它有一个从自然依恋到社会依恋、从无区别的依恋到有区别的依恋、从范围较小的依恋到范围较大的依恋的发展过程。

根据心理学家，特别是鲍尔比、艾斯沃斯等的研究，依恋发展可分为四个阶段：

(1)无差别的社会反应阶段(出生至3个月)：这个时期婴儿对人反应的最大特点即是不加区别、无差别。婴儿听所有人的声音，注视所有人的脸，看到人的脸或听到人的声音都会微笑、手舞足蹈。同时，所有的人对婴儿的影响也是一样的，他们与婴儿的接触，如抱他、对他说话，都能使之高兴、兴奋，同时感到愉快、满足。此时婴儿还未对任何人，包括对母亲产生偏爱。

(2)有差别的社会反应阶段(3～6个月)：这时婴儿对人的反应有了区别、有所选择，对母亲更为偏爱。婴儿对母亲和他所熟悉的人及陌生人的反应是不同的。这时婴儿在母亲面前表现出更多的微笑、咿呀学语、依偎、接近。而在其他熟悉的人如其他家庭成员面前，这些反应则相对少一些。对陌生人的反应更少，但是依然有这些反应，婴儿也不怕生。

(3)特殊的情感联结阶段：从6～7个月起，婴儿进一步对母亲的存在特别关切，特别愿意与母亲在一起，与她在一起特别高兴，而当她离开时则哭喊着不让离开，别人还不能替代母亲使婴儿快活，当她回来时婴儿则能马上显得十分高兴。同时，只要母亲在他身边，婴儿就能安心地玩、探索周围环境，好像母亲是其安全的基地。婴儿出现了对母亲明显的依恋，形成了专门对母亲的情感联结。与此同时，婴儿对陌生人的态度变化很大，见到陌生人，大多不再微笑、咿呀学语，而是紧张、恐惧甚至哭泣、大喊大叫。婴儿此时开始怯生。

(4)目标调整的伙伴关系阶段(2岁以后)：2岁后，幼儿能认识并理解母亲的情感、需要、愿望，知道她爱自己，不会抛弃自己，并知道交往时应考虑她的需要和兴趣，据此调整自己的情绪和行为反应。这时，幼儿把母亲作为一个交往的伙伴，并认识到她能满足自己的需要和愿望，交往时双方都应考虑对方的需要，并适当调整自己的目标，这时与母亲的空间的邻近性逐渐变得不那么重要。比如，当母亲为了干别的事情要离开一段距离时，幼儿能理解，而不会大声哭闹，他可以自己较快乐地在那儿玩或通过语言与母亲交流，相信一会儿母亲肯定会回来。

马尔文认为成熟的依恋感的形成在4岁是关键期。他指出：“在第1年末儿童企图影响他们的照料者按照他们的行为去做。在第 2 年和第 3 年时，儿童可调整他们的计划去适应照料者。然而，在这个时期，儿童并不是从人的角度来看待照料者，他们只是关心照料者怎么做。到 4 岁左右时儿童才把照料者看作有感情、有动机的独立的人……为了相互适应，儿童必须能够了解别人，能设身处地。因为道德包含着对别人的尊敬，也包含着了解别人的成熟的依恋在道德发展中是重要的。”

表 1-2　依恋的类型

依恋类型	特点	师生互动模式
安全型	调和、平衡、一致	容易获得情感，能够感受到，并能做出反应
不安全型—回避型	回避与教师的亲近和情感联结，以适应冷漠态度	情感不容易获得，难以感受到，不能做出反应
不安全型—矛盾型	交流不和谐，觉得不可靠，依赖教师时心里充满焦虑和不确定性	交流、感受和反应都不具有一致性
不安全型—紊乱型	相处时觉得教师的行为令人难以忍受，让人恐惧，很混乱	令人恐惧，感到迷惘、惊恐

【反思港】

反思一下以上四种依恋类型，你与学生的互动体现了这四种依恋类型的哪些特征？在你与学生的沟通中是不是只出现了一种依恋类型的特征？你有没有觉得在一些特殊的情形下，在你与学生的互动中，适时沟通的一些特性被削弱了？你是如何改善你与学生的沟通质量的？

由此可见，婴幼儿时期依恋感的建立，对个体爱心的培养、社会行为发展及未来道德人格形成具有重要意义。它不仅是个体归属感、安全感、信赖感、亲切感形成发展的基础，而且也是道德人格发展形成最重要的基础，同情心、同理心、自制力、自主感、乐观、信任、积极甚至责任心都是由依恋感的衍生、发展而迁移和创生的。按精神生态学分析，儿童对父母的依恋，有可能发展为对教师和同学的依恋。一年级学生对师长的依恋感很强。教师在学生中有绝对威信，学生非常在意教师的评价。刚入学那段时间，学生十分在乎教师说的每句话，会很努力地表现自己，生怕自己落后，努力地适应环境、适应生活，努力地学习，努力地遵守学校规则和班级纪律，个个都显示出“神气小学生”的样子。

为此，教师要关注到学生的依恋感，把握住学生最真诚、最信任的“向师性”，在开学伊始的最关键时期，建立起良好的师生关系，使得学生在婴幼儿时期发展起的依恋感得以接续，为他们今后的高层次情感发展奠定基础，为未来的社会体验留下深刻的印迹和满意愉悦的基础情调。①

三、主题工作坊：入学适应阶段及儿童的情感特点

（一）入学适应困难的原因及类型

首先，学校新要求带来的压力。通常在教育形式上，幼儿园通过“玩”，鼓励在游戏中探索和发现；小学是正规教育的开始，对学习有明确要求，要考查、评价，使师生和家长都感受到压力。教学内容上，前者是与生活密切相关的浅显生活常识，易懂易学；后者则开始知识的系统学习，应具备一定的抽象思维和概括能力。教学方法上，幼儿园教师采用归纳法，先让幼儿观察、认识，然后帮助他们归纳其中的规律；小学教师则开始采用演绎法，先教学生规律性知识，再举例题证明规律的正确性，并通过作业、练习具体应用。

其次，不适应新环境。人际关系上，上学后必须与原来的小伙伴分离，结交新朋友，被新的班级接纳和认同；离开熟识的幼儿园教师，适应班主任和各科教师的要求，感到陌生和有压力。期望和要求上，上学后成人对儿童的学业、为人有新的期望和要求，并对其表现进行评价和考核，使用规则或“标准”来要求。作息制度上，原先自由、宽松的学习和生活制度变成紧张、有序、分科目的学习，天天都要写作业，学习环境受教师支配等。

最后，入学准备不足。有些幼儿园没有意识到入学衔接的重要性，放任一些儿童的不良习惯，如迟到、早退，上课注意力分散，不认真思考等；所教的知识、技能不规范，没为孩子奠定良好学习基础。有些家长忽视自幼开

① 朱小蔓、梅仲荪：《儿童情感发展与教育》，399页，南京，江苏教育出版社，1998。

始的责任心、作息制度、学习习惯培养，孩子缺乏独立性、自控力，突然受到纪律和制度约束，一时难以适应。许多小学教师没有做好教学衔接的准备，只注重教学进展和课堂纪律，没有给初入学儿童留出足够的适应时间。

表 1-3　入学适应困难的类型及表现

入学不适应类型	内容	表现
被动依赖型	孩子在小学以前的生活多是在教师和家长精心呵护下完成的，缺乏独立意识的培养，没有养成良好的独立习惯。进入小学后，一部分孩子的心理仍然停留在幼儿园阶段，仍希望得到教师和家长无微不至的照顾。但是由于小学和幼儿园在教育环境、教育方式、教育要求等各方面的差异，有许多学习和生活上的困难都是孩子必须依靠自己独立去面对的。此时，这些依赖性强的孩子往往就会无所适从，不知道什么时候该干什么，学习生活就一团糟	上课时经常随便说话、下座位，把学具当玩具，学习用品经常丢三落四，听不懂教师要求，记不清作业，没有主动完成作业的意识，课间不会合理安排自己的休息时间和休息方式等
主动拒绝型	在小学入学时期由于过去教育留下的一些心理阴影及对陌生环境的恐惧，使孩子往往用封闭自我、拒绝和排斥小学学习生活的方式来进行自我保护，防止受到伤害	不想上学，课堂上不发言、不参与活动，课后拒绝与同学交往、拒绝完成作业

【做中学】观察一下你们班学生的入学适应情况，是否存在适应困难的情况？属于哪种类型？你准备如何帮助他们？

表 1-4　帮助入学适应困难类型的策略

入学适应类型	表现特点	策略
积极适应型		
被动依赖型		
主动拒绝型		

（二）入学适应阶段小学生的情感发展特点

儿童入学后，学校成为小学生的主要活动场所，使小学生的活动范围不断扩大，引起其情感变化的事物也日益复杂。此时，学习的成败、在集体中的地位、与同伴的关系等，使他们产生各种各样的情感体验。他们不仅体验着游戏所带来的欢乐，也体验着学习、集体活动所带来的快乐、幸福。此外，教师的表扬与批评、同学之间的议论与评价、学校中所发生的事件等，都成为小学生体验新的情感的内容。情感体验就是他们对学校、教师和知识认识的基础，也是他们道德形成的支柱。

一年级学生的入学适应是很有特点的。一般来说，学生开始进入小学学习生活的前半个月内，会小心谨慎地适应、感受、体验着新环境、新生活。由于学前家长的“动员”，他们有的会积极迎接“挑战”，有的顺其自然地“适应”，有的则紧张地“保护自己”。两个月后，学生逐渐熟悉校园环境，掌握小学学习生活的规律，状态大都趋向自然。由于学前教育的不同，学习上的能力差异逐渐形成并拉开距离。部分特殊学生也开始“浮出水面”。

一年级学生在与伙伴交往上，以来自同一幼儿园的为活动圈子，经常跨班活动。两个月后，他们开始在座位周围和个性、兴趣特别相投的同学通过玩耍进行交往。有些学生课间不会玩，且对教师推荐、指导的游戏不感兴趣，因为这种游戏总有许多规则。课间学生想彻底放松，不愿有任何规则拘束，最开心的是在操场奔跑、追逐。纵观以上各种特点，小学低年级学生的情感发展总体上具有不稳定性、直观性等几个特点。小学生的情感同学前儿童一样具有直观性，他们的情感主要与具体事物的直观形象相联系。同时，他们的情感也与事物的表象相联系，他们不仅因受到表扬而高兴、受到批评而沮丧，而且想到这些表扬和批评的情景也会使他们产生情感上的体验，从而激励着他们努力地学习。一般来说，低年级小学生对人和事物的态度与事物的外部特点相联系。此外，入学适应阶段的多数儿童的情感表达相对于成人更直接、外露。部分儿童的表达带有一定的内隐性和面具性。儿童的情绪情感表达尤其是肢体语言和口头语言具有一定的向师性。

（三）如何适应入学生活

入学准备和入学适应的状况会对小学儿童的情绪情感产生重要影响。入学准备不足会导致儿童在适应小学生活方面存在一定的困难，引起儿童的不良情绪，甚至造成严重后果。我国儿童入学准备包括以下五个主要的领域：(1)身体健康和运动技能领域，包括儿童身体发展状况和儿童身体能力；(2)情绪与社会性领域，包括情绪发展和社会性发展；(3)学习方式领域，包括对任务的开放性和好奇心，完成任务的坚持性、专注性，以及想象力和创造性等；(4)言语发展领域，主要包括语言表达和读写能力两个方面；(5)认知发展与一般知识领域，包括儿童要掌握自然知识、逻辑、运算知识和社会、规则性知识。① 面对入学准备不足的儿童，如何帮助他们更好、更快地适应小学生活？

表 1-5　帮助刚入学儿童适应小学生活的策略

策略	具体要求或活动
制订要求，指导学生积极发展	1. 乐于和教师、同学交往，对人说话和气、有礼貌 2. 养成基本的学习习惯，不影响他人的学习，学会按要求完成作业 3. 课间活动守秩序，和伙伴一起玩游戏能遵守游戏规则 4. 喜欢阅读，读书做到不折书角，保持书的平整和干净 5. 起居作息能自理 6. 愿意与师长和伙伴一起分享学校活动中成功的快乐 7. 在班级找到一个小岗位，体验服务伙伴的快乐
依托活动，创造学生成长空间	1."大手拉小手"，帮助学生消除内心的孤独感 2. 小岗位活动，参与班集体活动和岗位，体验胜任感、喜悦感 3. 入队教育，体验作为一名少先队员的荣誉感和责任感 4."我真棒"常规评比活动，激发、巩固好的习惯，体验价值感 5. 快乐小队行动，树立榜样，激发学生的成长感
关注差异，建立学生成长档案	1. 教师要基本了解每个学生学前教育情况和家庭教育情况 2. 教师要对学生进入小学后的学习、个性、习惯和心理等多方面进行分类研究 3. 建立需要帮助的学生的档案，研究典型学生，开展有针对性的教育

① 卢富荣、王侠、李杜芳等：《小学儿童入学准备的类型及其与学校适应关系的研究》，载《心理发展与教育》，2012(1)。

四、百宝箱

（一）小学生入学适应情况调查问卷

表 1-6　小学生入学适应情况调查问卷

个人资料：			
姓名：	年龄：	性别：男□　女□	
学校：		是否班干部：是□　否□	
1. 喜欢我的学校	经常□	有时□	很少□
2. 喜欢和教师说话	经常□	有时□	很少□
3. 不明白作业的要求*	经常□	有时□	很少□
4. 大家认为我很讲究卫生	经常□	有时□	很少□
5. 喜欢我们学校的大操场	经常□	有时□	很少□
6. 认为教师和同学都觉得我很棒	经常□	有时□	很少□
7. 主动向教师问好	经常□	有时□	很少□
8. 喜欢班里有很多教师和同学	经常□	有时□	很少□
9. 觉得班里的小朋友很好	经常□	有时□	很少□
10. 喜欢回答教师的问题	经常□	有时□	很少□
11. 一说上学我就有点儿不高兴*	经常□	有时□	很少□
12. 在学校里我不高兴*	经常□	有时□	很少□
13. 上课吃东西或喝水*	经常□	有时□	很少□
14. 晚上 9 点以后睡觉*	经常□	有时□	很少□
15. 上课很认真听讲	经常□	有时□	很少□
16. 在学校里有点儿想妈妈*	经常□	有时□	很少□

注：带“*”的为反向计分题。

（二）小学生入学适应阶段情感状态记录表

表 1-7　情感状态记录表

对象 情感状态	对教师	对同学
正向情感(＋)		
负向情感(－)		

五、拓展阅读

我交给你们一个孩子

张晓风

小男孩走出大门，返身向四楼阳台上的我招手，说："再见!"

那是好多年前的事了，那个早晨是他开始上小学的第二天。

我其实仍然可以像昨天一样，再陪他一次，但我却狠下心来，看他自己单独去了。他有属于他的一生，是我不能相陪的，母子一场，只能看作一把借来的琴弦，能弹多久，便弹多久，但借来的岁月毕竟是有其归还期限的。

他欢然地走出长巷，很听话地既不跑也不跳，一副循规蹈矩的模样。我一个人怔怔地望着巷子下细细的朝阳而落泪。

想大声地告诉全城市，今天早晨，我交给你们一个小男孩，他还不知恐惧为何物，我却是知道的，我开始恐惧自己有没有交错?

我把他交给马路，我要他遵守规矩沿着人行道而行，但是，匆匆的路人啊，你们能够小心一点吗？不要撞倒我的孩子，我把我的至爱交给了纵横的道路，容许我看见他平平安安地回来。

我不曾搬迁户口，我们不要越区就读，我们让孩子读本区内的公立小学而不是某些私立明星小学，我努力去信任自己的教育当局，而且，是以自己的儿女为赌注来信任——但是，学校啊，当我把我的孩子交给你，你保证给他怎样的教育？今天清晨，我交给你一个欢欣、诚实又颖悟的小男孩。多年以后，你将还我一个怎样的青年?

他开始识字，开始读书，当然，他也要读报纸、听音乐或看电视、电影，古往今来的撰述者啊，各种方式的知识传递者啊，我的孩子会因你们得到什么呢？你们将饮之以琼浆，灌之以醍醐，还是哺之以糟粕？他会因而变得正直、忠信，还是学会奸猾、诡诈？当我把我的孩子交出来，当他向这世界求知若渴，世界啊，你给他的会是什么呢?

世界啊，今天早晨，我，一个母亲，向你交出她可爱的小男孩，而你们将还我一个怎样的呢?

第二节　良好的情感表达，给孩子一个美好的开始

一、情境再现：面对学生的问题，你如何表达

（一）面对学生的“冒犯”

【案例】 　　　　　　**王老师好！王璐老师好！**

今天，给一年级6班的小朋友上阅读选修课。走进课堂，看到那一张张可爱的小脸，心里禁不住喜欢。第一次上课，我请小朋友们做了简单的自我介绍，有的告诉我自己的名字，有的还解释了名字的含义，甚至还有的告诉我自己的爱好等。

角落里响起一个声音：“老师，你叫什么名字?”我微笑着回答：“我姓王，你们今后叫我王老师就好了!”那个声音又怯怯地响起：“王什么呢？你的名字是什么?”居然有人附和，“对啊，你都知道我们的名字了。”我拿起粉笔，把自己的名字写到了黑板上。“王璐。”有小朋友马上喊出来，“王璐老师!”“呦！一年级还认识这个字，真了不起!”我连连表扬。

于是，下课后，这些一年级的小朋友见到我，都会快乐地大喊：“王璐老师好！王璐老师好!”虽然觉得有点别扭，但是心里觉得他们真的很可爱。本来名字就是给别人叫的，无论是教师还是学生。

【案例反思】面对学生的一些“冒犯”，你会怎么表达？

（二）面对自己的思维定式

【案例】 　　　　　　**爬树风波**

“你为什么爬树?”我压着心头的不满看着眼前这个黑黑的孩子。早上我刚和他们讲到不能爬树，刚吃过午饭，就有个小朋友来告状说他爬树。

“我……我找不到其他小朋友了。”“找不到小朋友就可以爬树了?”对他的回答我又好气又好笑。“我看不到他们，就爬到树上想看看他们在哪里。”原来如此，孩子的一个想法竟是如此的简单，我不仅在心里开始微笑，也为刚才没有马上发脾气而感到庆幸。孩子们许多调皮的做法，很多时候往往源于一个淳朴的理由。我们如果不分青红皂白就批评指责，孩子不会改正缺点，却会失去对教师的信任。

想到这，我微笑地凝视着他，温和地询问：“如果我找不到小朋友，站到你的肩膀上去找，你愿意吗?”孩子摇摇头。“是啊，小树一样不乐意你踩到它身上啊，下次可不能这样做了。”我嗔怪道。孩子点点头。“去吧。”看着孩子快乐而去的身影，我的心也为这件小事明朗了半天。

【案例反思】日常生活中，你是否也会以自己的思维定式去判断学生的行为，有时甚至会“误解”学生？面对这样的情况，你是如何表达的？

（三）面对“棘手”的孩子

【案例】 **爱我你就夸夸我**

小 A 是一个在学习、纪律等方面让人很棘手的孩子，道理的说教对他不起任何作用。我开始转变教育方式，仔细观察这个孩子的一举一动，期待找到他的兴趣点，作为自己工作的突破口。就在我为这个孩子的教育问题苦苦思索的时候，他的一个无意的举动打动了我，使我发现了教育他的契机。

那是在一节语文写字课上，我正在发孩子的写字本。为了调动孩子写字的积极性，我给每一个写得好的字都打上小星星。每次发写字本的时候都是孩子最快乐的时候，孩子们认真数星星的样子可爱极了。写字本发完之后，我在教室内巡视，当我走到小 A 身边的时候，惊奇地发现他正在专心地数写字本上的星星呢！那种专注的神情我从来没有见过。我的心微微一震，小 A 也渴望成功啊！看着小 A，我不再为他的反常行为而恼火，取而代之的是心疼。我决心帮助这个孩子找回自信，让他体验到成功的喜悦。

在教学中，我开始用欣赏的眼光看待小 A，让他感觉到教师对他的关注。他上课心不在焉时，我不会简单地斥责他，而是用眼神给予友好的提醒。当我们四目相对时，他便会微微一笑，开始认真听起课来。他和小朋友有摩擦时，我总是耐心地听完他的倾诉，然后像朋友般引导他。我对小 A 的尊重和积极的期待有了回报，我发现，他的敌对情绪慢慢消失了，我感觉到这个孩子的心慢慢向我靠近。

【案例反思】日常教育教学实践中，我们经常会遇到一些让我们“头疼”的孩子，面对这些特殊的孩子，常规的说教难以奏效，你是通过怎样的适切表达，走进他们的内心的？

二、主题工作坊：哪些正向情感的表达值得教师珍视

（一）尊重及其表达

“尊重”一词在《现代汉语词典》中的解释为：尊敬，敬重；重视并严肃对待；庄重。尊重表示对待他人及其价值态度的道德概念等。尊重一开始就呈现为人作为主体的某种意向，这种意向不是源于人的自然反应，而是来自道德上的自觉；它指向的不是感官欲望或者实际需要的满足，而是使人成为真正的人，亦即道德的存在。

师生彼此的尊重是一种具有道德性的意向和品行。尊重是一种关系，即彼此尊重，用在师生之间就是教师和学生的相互尊重，彼此尊重是由于彼此都是具有平等的尊严的人，都值得彼此尊重。普遍尊重意味着包容、尊重多元价值观，意味着一元与多元的共存。教师需要尊重学生，学生也必须尊重教师。在有些情况下，教师可能更看重被需要、被尊重的感觉。

教师表达尊重的对象包括颇多领域和内容。教师需要尊重人、物、规则制度等。尊重体现在教师的言传身教方面，教师需尊重儿童的自主领域、尊重各方面都很优秀的学生，还应该尊重各方面都无特殊表现的一般学生，更应该尊重不符合学校统一要求的调皮学生，还要注意异质群体之间、同质群体内部的差异，使每个学生都能够感受到教师的尊重，并对教师回报以尊重。从某种意义上说，尊重体现为宽容，宽容本身体现出的包容性就是一种尊重。

第一，从消极避免的角度而言，教师要表现尊重，即不去做伤害学生尊严的事情，不用语言暴力。教师不采用鄙夷、蔑视、嘲讽等语气对学生说话，不说类似于“你还能干点什么”“笨死了”“这辈子就没出息”等负面、定性的评价语言。对此，建议教师可以尝试学习积极心理学中的积极语言的相关内容。积极语言模式的基本思路是通过使人愉悦的积极向上的语言，帮助人获得积极的情绪体验，从而建立相对良好稳定的人际关系，在良好的人际关系中逐渐形成积极健康的人格。除了语言方面，教师在行为方面不能采用带有侮辱性的惩罚教育方式，如“让全班轮流打某同学耳光”“在操场上下跪”等过激的行为，其中有些甚至已经涉嫌违法。

第二，从积极作为的角度而言，教师需要尊重学生的人格尊严、需要遵守规则、尊重规则。建立规则与秩序是班级公共生活的首要内容，教师对规则和秩序的遵守和维护则是帮助学生树立规则意识的重要教育过程。“社会秩序是人类最基本的公共需要，建立、维护和改进社会秩序是人类最基本的公共事务，因而人类公共活动的主要方面就是生产和供给社会秩序，体现社会的公共性”①。班级公共生活中的规则很多，如国家法律法规、校规校纪、中小学生守则、班规等。

与此同时，人们所制定的规则制度必须要体现出对人的尊重。学校中的各类规则与制度必须内在地充分体现对师生尤其是对学生的尊重，包括对他们的“异见”的尊重。规则制度对人有重要的影响和规训作用，好制度可以导向善，使坏人无法作恶；坏制度对人起压迫、奴役的作用，使好人无法行善。如刘小枫所言，如果政治制度放弃对道德的关切，就可能制造出一帮邪恶的“好公民”，缺乏道德的社会必定是失序的社会，而缺乏道德的政治也注定陷入正当性危机。② 宽容的制度营造了师生自由交往、和谐发展的精神氛围，为师生自由平等地参与班级公共生活提供了制度保障。然而，在现实中我们通常遇到的情况是，教师对制度、法律和规则的不够尊重导致教师对学生的受教育权方面的尊重不够。

【做中学】　　积极语言 HAPPY 模式

该模式的基本解释是：根据预想的积极品质特征，教师用积极语言给予学生正向、具体、有目标效果的引导，使预想、期待的积极品质可操作化。③具体见表 1-8。

---

① 郭湛：《社会公共性研究》，15 页，北京，人民出版社，2009。

② 刘小枫：《刺猬的温顺》，载《书屋》，2001(2)。

③ 陈虹：《教师积极语言在课堂中的运用》，43 页，天津，天津教育出版社，2014。

表 1-8　积极语言 HAPPY 模式基本解释

英文	H：Hope	A：Action	P：Point	P：Process	Y：Yield
中文	预想、期望（脑语）	行动	关键点	过程	产品、收益
具体解释	1. 教师（家长）说任何话前，先期望学生（孩子）具备或可以达到某项积极品质的培养目标 2. 相信学生（孩子）能够形成这些品质（行为特征）	1. 引导学生（孩子）认识到自己标志性的积极品质或期待形成的积极品质 2. 引导学生（孩子）形成内在动机，愿意发挥特长、创造性地做起来	1. 找到教师（家长）语言与学生（孩子）需要及情绪之间的平衡点 2. 说那些指向未来、指向目标、指向希望，能提高学生（孩子）动机和效能的起关键作用的话 3. 激励学生（孩子）想做、做起来、做下去、往好的方向做	1. 在与学生（孩子）对话过程中，注意学生（孩子）的需求、情绪变化、心理活动及活动的原因 2. 在学生（孩子）行为的方向、强度和坚持性上加以引导 3. 注意语言层次，多正向"惩罚"和有效赞誉，让学生感受到教师（家长）的爱	1. 认知领域：扩建即时注意和思想，即扩展视觉注意的范围、思维的多面性和深刻性，促进彼此在思想信仰、价值观念等方面产生认同 2. 人际关系方面：增加对陌生人的亲切感，增加对熟人的信任感，建立起亲密的人之间富有凝聚力和效能的关系，增进情感上的相互包容与依恋，人际情感需要得到满足 3. 行动方面：获得行动的必要知识、技能和技巧，认识到为何行动、怎样行动、何时行动、取得什么结果，更好地调控自身行为，形成各项品质的行为特征

续表

英文	H：Hope	A：Action	P：Point	P：Process	Y：Yield
中文	预想，期望（脑语）	行动	关键点	过程	产品、收益
关键点	在教师（家长）期望与学生（孩子）需要之间找到平衡	行为小而具体，让学生（孩子）想做，要注意“说”的层次	诱导学生（孩子）产生积极情绪，明确目标，了解意义，把握成功	学生（孩子）朝向什么方向及目标、使多大劲、坚持多长时间，这些能否用言语表达出来	人与人之间协调认知、协调情感、协调行动，努力实现“一起想、一起成长、一起幸福”的理想目标

在了解该模式的具体操作要点之后，请教师们以自己日常教育实践活动中的一个案例为例，尝试熟悉并日渐使用该模式，纠正自己在语言表达方面的习惯。

表 1-9　积极语言 HAPPY 模式教育实践活动记录表

英文	H：Hope	A：Action	P：Point	P：Process	Y：Yield
中文	预想，期望（脑语）	行动	关键点	过程	产品、收益
案例行动分解					
反思					

（二）信任感及其表达

教师表达信任感可以包括以下几个主要层面。

第一，教师需要发自内心地真诚相信学生的善良动机。教师需要相信学生都是积极向上的，他们选择的任何一种行为都是期望好的结果、期望得到教师和同学的认可，当然可能方式未必恰当。

第二，教师对学生的积极的无条件的关注，让学生感受到教师的关注、保护和爱。教师对学生的积极的关注可以避免学生为了引起教师的关注而故意做出的颇多负面行为。

第三，真诚地表达教师对学生的期望。人的自我愿望能力对于小学生而言，主要来自外界尤其是教师和家长等他人的期待和形象描述。因此，教师需要帮助每个学生树立积极的自我形象期待，由此学生就会按照理想的期待形象而努力。这种积极的期待与信任可以为学生提供强大而持久的动力。

第四，教师表达信任的具体方式可以有很多，如真诚的微笑、眼神的关注、语言的鼓励、肢体的支持等，这些都依赖于具体的情景、依赖于地方文化。教师同样的表达，在不同的场景和文化、氛围等环境中具有不同的意义。因此，教师在具体运用时需要注意。

第五，仅仅有教师对学生的信任是不够的，师生之间信任关系的建立还需要教师多方面的努力，如做好小学低年级学生的入学适应工作，帮助儿童尽快熟悉环境和人，建立对周围环境的安全感和信任感。同时，教给儿童初步的社交技能，尽量用非暴力的方式表达自己的观点。教师个人需要学会关注和识别儿童的情绪情感，体察儿童言行背后的情感需要，对此做出积极回应。

此外，教师的信任也需要尺度和界限。教师对学生的信任不是无条件的，当受到欺骗的时候，教师该如何面对谎言、如何坚持信任呢？这一点将在案例中有所涉及。

【活动设计】

1. 心理游戏中的师生相互信任的游戏，如两人三足等，通过身体和动作的配合，建立师生之间的亲密和信任关系。

2. 教师如果有相关的儿童说谎的经典案例，可以用在教师培训的模拟表演中。

（三）欣赏及其表达

欣赏，作为一种教师的情感，对于学生有重要的意义。教师对学生的欣赏是一种认可、期望、赞许。欣赏学生的目的是提升学生的能力、促进学生的发展。欣赏学生，重要的是帮助学生树立积极的自我形象和自我期待。欣赏能帮助学生实现美与道德品质的自我构建。相对于片面地批评、鼓励某些学生，欣赏站在更加中立的位置，鼓励学生自己去尝试、去努力。

教师的欣赏具有一定的精神性、内隐性和价值引导性。例如，道德品质是内隐的，人们只能通过道德行为来推断人的内在品质和动机等。欣赏中蕴含着价值导向，人们欣赏的往往都是符合一定的审美标准和道德价值观念的事物，因此教师对学生的欣赏更加具有对学生的价值引导性。即便教师表达的不是对学生的欣赏，而是对其他人或事的欣赏，也会由于教师的权威地位而对学生产生价值引导作用。

教师欣赏什么？欣赏通常与美、与艺术、与美的感受和情感紧密相连。从欣赏的对象和内容上讲，第一，教师可以欣赏学生的种种品质和美好。如天真童趣、能力、品格、思维、言行举止、性格、相貌等，都可以成为教师欣赏的对象。有的学生有自由独立思考的能力、好奇心强烈、勇于探索和思考，有的学生不聪明但是憨厚可爱、乐于助人，有的学生不漂亮但有才华。每个学生都有一定的缺点，教师欣赏的是学生身上的优点，通过欣赏帮助学生发现自己的优点，使学生能够用自己的优点支撑道德体系和健全个性。第二，教师需要学会欣赏大自然与物质世界中蕴含的美好。这不仅涉及美感的问题，美丽的山水和建筑物中还镌刻着人类和民族的历史。苏霍姆林斯基说："我们培养孩子们要学会真诚地关怀、惦念、怜惜一切有生之物和美好的东西——树木、花草、禽鸟、动物。如果一个孩子会深切地关心在隆冬严寒中无处栖身的小山雀，并设法去保护它免遭灾难，能想到保护小树过冬，那么这个孩子待人也绝不会冷酷无情。"①如果教师感受到生命的神圣、伟大与自身的渺小，对自然造物的完美、极致、玄妙等表示敬畏，那么学生的人道主义的、美的情感也不难生成。

教师如何表达对学生的欣赏呢？第一，教师对学生的欣赏的表达可以具体，也可以抽象，可以直接用语言和行动表达，也可以在学生背后默默支持、

① ［苏］苏霍姆林斯基：《帕夫雷什中学》，赵玮等译，187页，北京，教育科学出版社，2007。

提供良好的环境。(1)对于小学低年级学生而言，教师表达的欣赏需要具有一定的具体性。教师采用肯定的、积极的、欣赏的、乐观的语言、态度和情绪表达对学生的某个行为或品质的认可。对此，教师需要有一双善于发现的眼睛和一颗敏感的心，善于发现学生身上的闪光点。通过教师的发现、认可和鼓励，学生重新发现自己。例如："我看到你帮助某同学了，你真善良。"(2)教师表达欣赏也可以通过为学生提供支持和环境的方式。因为小学低年级学生的好奇心强烈，他们有时候为了一探究竟可能考虑不周，甚至给他人造成不便。对此，教师需要考虑儿童的身心发展特征，尊重儿童的求知欲望、好奇心和无知，但同时给予引导。第二，教师对于学生的创造物和大自然的美，可以鼓励学生讲述对美的感悟和理解。教师对此的理解十分重要，对学生而言也是一种认可、欣赏和鼓励。教师的认可对于学生日后的行动具有一定的导向和塑造作用，对于良好师生关系的建立具有积极的作用。例如，对于小学生的一些涂鸦，成年人未必懂得，就可以请学生来讲讲，为什么这么画，画了什么内容。对有的学生而言，他们从幼儿园可能就听"你真棒"这类的话语，对此已经麻木了，甚至还有可能存在厌烦心理。教师可以避免"你真棒""你的画真好看"之类大而空的夸奖，可以根据学生的想法和画的具体内容说具体的欣赏点，例如："你用的颜色真丰富"，"你的想法真奇特"，"我从来没有这么想过，你很有创意(想法)"，"我很喜欢你画的这棵树"，等等。通过教师对学生的理解、认可和鼓励，帮助学生树立积极的自我形象和自我期待，学生会期待自己下次做得更好。这也就达到了欣赏的目的之一。

此外，欣赏也有限度。教师表达对学生的欣赏，不等于无原则的赞美、鼓励，不等于一定需要物质的奖励，不等于完全赞同，不等于抛弃评价和批评。教师表达欣赏，可以说"你去试试""你再想想"等，未必采用明显而强烈的赞美词汇，如"好""棒""对的"等带有明显价值判断的词语。同时，根据心理学的内在动机和外在动机的相互关系，学生喜爱某种事物主要源于内在动机，如果外界给予过多的物质刺激，也就是用外在动机来强化兴趣，有可能导致外在动机对内在动机的替代。教师和家长通常乐于采取物质奖励的形式表达对学生的欣赏和赞美，然而这并不值得提倡。

教师如何能够提升欣赏的能力呢？对学生的欣赏需要教师具有一定的情感素养、美的修养。教师真的热爱学生，就更容易发现学生的美好，从而产生欣赏。欣赏需要积极的心态、乐观的性格等。部分学生在捣乱中都蕴含着荣誉感和自尊心，教师要欣赏这样的学生，更需要运用多种方式帮助自己调整心态和情绪，对待事情一分为二地处理。同时，还需要教会儿童调节情绪情感，以恰当的方式表达自己的需要。

【做中学】　　　　　　　教师如何学会欣赏

1. 请用几句赞美的词语描述一片沙漠。

2. 请赞美一名残障儿童。

案例提示：在某个国家的一家福利院中，院长向我们高兴地介绍残障孩子们。有一名脑瘫儿童，他用了几周时间学会了用触屏电脑表达自己的基本需要，院长真诚地说："这是我们这里最聪明的孩子!"参观的人都被震撼了！因为对于正常人而言，学会点击屏幕，最多只需要几分钟吧！还因为人们的心态，通常去福利院看残障儿童，人们心里更多的是难过、同情和悲悯之情，然而那里到处充满着积极、乐观、真诚的赞美，他们真心觉得这些孩子聪明、可爱，与正常儿童并没有太多差异！

3. 请欣赏一名小学生画得乱七八糟的画。

三、认知堂：教师的语言表达和非语言表达

（一）对教师语言表达的要求

教育家夸美纽斯说："教师的嘴就是一个源泉，从那里可以发出知识的溪流。"教师的语言是课堂教学中最无法替代的教学媒体。课堂上，教师的语言有的可以启发学生的思考，有的可以唤醒学生的情感体验，有的可以点拨学生的疑惑，有的可以启迪学生的智慧……因此教师在教学中应重视自己的语言魅力，关注自己语言表达的艺术。

首先，教师的语气要亲切、有亲和力。事实表明，亲切柔和的话语，能减轻学生的精神压力，拉近师生的距离，让学生产生亲近教师的欲望。"亲其师，信其道"，学生的情感就会随着教师的引导、提示潜进课堂、潜入文本。

其次，教师的语言表达要有艺术性。闻一多先生曾对自己的文章创作提出了“三美”之说，即音乐美、绘画美、建筑美。如果把课堂也看成教师的创作，那么教师的课堂语言也应体现“三美”，即情趣美、意境美、精练美。情趣美是指教师的语言要有情致，要有趣味，能引起学生学习的兴趣、交流的兴趣、思考的兴趣、探究的兴趣。意境美是指教师能用语言为学生描述一个图画般的情境，点燃、唤醒学生的情感，促进他们在积极的思维活动中品味语言。精练美是指教师的语言简明扼要，能让学生听得懂。

最后，教师的语言风格要幽默，能够吸引学生。教师教学中的幽默，少了指责，多了宽容，学生更乐于接受，教学效果事半功倍。

总之，语言是一种智慧的沉淀，是一种经验的沉淀，更是一种文化的沉淀。教师要不断地锤炼自己的语言、丰盈自己的语言，使每个四十分钟都是学生快乐的精神之旅。

（二）对教师非语言表达的要求

人们常说优秀教师都长了一双“会说话的眼睛”，这就说明高明的教师善于利用肢体语言来表达情感。肢体语言是人内心情感的自然流露，它是促进师生之间正常愉快交往和形成和谐的教学气氛的重要因素。肢体语言的运用，有时胜似千言万语，达到“润物细无声”的效果。

1. 举止的运用

举止是以身体的动作表示意义的信息系统，它包括身体各部分的无声动作。课堂上教师举止得体，不仅是表示自己的修养、气质、风度、能力水平的有效方式，而且可以增强教学感染力，吸引和稳定学生注意力，起到“无声胜有声”的作用。如当教师进入课堂时，步伐要稳健，精神要饱满；登上讲台后，并非一定要站在固定的位置上一动不动，亦可到讲台旁或讲台前沿，但应注意不要紧挨黑板，否则会使学生产生疏远的感觉。为了活跃课堂气氛或引起学生注意，教师也可以轻微地走动，甚至到学生中间缓步走动，但不可频繁。教师在课堂上站立时，应两脚平行，距离与两肩同宽，整个身体直而不硬，头稍前倾，这样感觉自然，给人一种意志集中、精神抖擞的感觉。另外，教具要轻拿轻放，有条不紊；操作示范要准确规范，手脚轻便；顺序要细而不乱。至于手按讲桌、一脚立稳而另一脚脚尖着地并不停地抖动、时而向窗外张望等，则是不允许的。

2. **头部动作和手势的运用**

头部动作对于表达思想起着重要作用，手势的变化可表达情感，摹物状引起学生联想，给学生更具体明确的印象。如当学生回答问题时，教师为了表示在认真听学生的回答常略微向前探头，为了表示对学生的回答给予肯定常点头，为了表示非常满意常深深连续点头或轻轻鼓掌及竖起大拇指，为了表示不满意学生的回答常摇头等。这种用头部动作和手势表示情感的方式很委婉，比用语言直接表达更易于让学生接受，更富于表现力。这样做既表示了教师的态度，又可以不中断学生的回答，使学生感受到良好的民主、友善气氛，很愿意自觉地参与到教学活动中。

使用手势的基本原则有：(1)展开双臂，手指合拢，显得大方且有精神；(2)手势动作自然，不夸大，不做作；(3)依身材决定手势大小，身材娇小者宜放大手势；(4)手势应多变化，但也不要太过频繁，避免学生眼花缭乱；(5)不做手势时，双手可自然垂放于身体两侧；(6)避免自己习惯性的小动作。

3. **面部表情变化的运用**

面部表情是内心体验的外部表现，是人内心情感的自然流露。课堂上，教师的情感是调节和影响学生情绪情感的重要手段，教师开朗、和蔼的表情给学生如沐春风之感，为教学创造良好的心理环境。同样的教学内容，教师教学时的面部表情不一样，学生所获得的内容体验是迥然不同的，产生的效果也就不一样。一个热爱自己事业和尊重学生的教师，具有慈爱而公平的情怀，往往通过微笑的面容、信任的眼神把自己美好的情感微妙地传递给学生。

优秀教师的面部表情：(1)时时带着微笑，微笑是世界共通的语言；(2)专注、用心；(3)真诚、亲切，使学生感到亲和力，而不是压迫感；(4)避免皱眉头；(5)避免板着脸，会大大降低学生学习欲望；(6)不要常对学生表现灰心、失望的神情，这样会打击学生信心，导致自暴自弃。以上这些最明显的就是笑容，它可以增进人与人间的和谐，且有鼓励、支持的效果。

4. **眼神(目光)变化的运用**

人们常说：眼睛是心灵的窗户，是交流信息、传递感情的工具。在课堂上，教师要善于以眼传神，把喜怒哀乐、褒贬扬抑和爱憎亲疏的不同感情色彩以眼神表现出来。在讲课中，教师要以亲切而自然的眼神传达出对学生的期望、信任和爱护，从而缩短师生间的情感距离。在注视学生时，正视表示庄重严肃，俯视表示关心和问询，环视表示开始或征答，点视表示出现情况个别交流。有的教师上课时只注视好学生，因为他们反应快，信息交流量大，造成教学失衡；有的教师只注视学困生，唯恐其没听懂，造成学困生紧张。所以，教师要根据教学内容的变化适时地变换视角，与全体学生交流。眼神变化运用得好，会给学生留下深刻的甚至终生难忘的印象。

5. **身体触摸与姿势的运用**

触摸也是一种必须重视的肢体语言，它往往表示支持、抚慰和激励。教师对学生的触摸行为主要表现为轻拍——拍头、拍肩和拍背，这是教师表示赞美、关心、理解、支持的常用方法。在课堂上，对待一个成绩差的学生，教师要经常主动接近他，看看他的笔记和作业，甚至亲切地拍拍他的肩膀，这位学生就会感觉到教师对他的关心和爱护，发愤学习。每当学生板演解题正确或上台表演出色时，教师轻拍一下学生的肩，同样可以起到教学语言的赞扬作用，而且会显得更加亲切自然，并能起到激励学生再接再厉的效果。如果出现错误，教师可以拍拍学生的头，这表示鼓励，安慰学生不要灰心，认真听讲，争取把问题弄明白。

姿势提供了情感、意图及动机等沟通的信息。具体而言，姿势虽然不像脸部表情或声音那么容易控制或察觉，但一个人就算脸上没有表现出焦虑的心境，也可能会因不断地变换姿势而显示出内心的焦虑与冲突。教师的身体倾向学生时，被视为是接受、喜欢学生的表现。较可亲的教师，会表现出轻松、开朗的态度，而且通常会将身体倾向学生。

总之，教师肢体语言运用的技巧和艺术远不止这些，教师们要在不断学习和实践中，根据自己独有的主客观条件，根据自己的体会和知识层次，形成一套自己独特的肢体语言技巧和艺术风格。

四、百宝箱

（一）有计划地向学生表达你的感受

活动 1. 你会在多大程度上向学生表露你的感受

1. 有时候你会利用自己生活中的故事为学生解释一些事情，试着回忆一下你讲过的那些故事，对每一个故事都尝试问自己以下三个问题：

这个故事有没有表露一些你的感受？

如果有，请描述一下故事中表露了你的哪些感受。（如惊讶、恐惧、喜悦、脆弱等）

你每次表露出来的感受是否有重复或者有固定的模式？

2. 在表 1-10 中我们给出了一些情绪词语，请从中选出符合你实际情况的词语。

表 1-10　情绪词语选择表

气愤　喜悦　贪心　快乐　放松　困惑　成就感　无助感　担忧　焦虑　兴高采烈 恐慌　厌倦　烦恼　刺激　兴奋　嫉妒　失望　烦躁　不耐烦		
1. 我在学生面前表露过以下情感	2. 我没有在学生面前表露过以下情感，但是有些情况下我也可以表露这些情感	3. 我绝不会在学生面前表露以下情感

3. 看看以上表格中的第三列，想想你为什么绝对不会向学生表露这些情感，是因为你想保持你在学生心目中的形象？还是你觉得这些情感不利于创设学习氛围？或者是你自己本身就对这些情感比较排斥？

活动 2. 有计划地向学生表达你的感受

从活动 1 最后的表格中选择一种情感，并根据这种情感向学生讲述一个故事，在故事中描述这种情感，有计划、有针对性地表达你的情感。

（二）反思与审查自己的非语言表达

活动 1. 反思自身的非语言表达

本活动主要通过观察自己的教学录像来进行反思。

录制一段自己上课的视频，时间至少 10 分钟；观察录像，声音调小，拿出纸笔记录，从以下三个维度进行观察，后面会提出六个问题，请你在回答每一个问题时都试图从这三个维度来检查自己。

(1)你观察到了什么？(2)这段录像反映了你当时什么样的内心状态？(3)这种状态对学生有什么影响？

根据以上三个维度回答下列问题：

你眼睛的注视方向？你的手势动作？你的身体姿势？你的面部表情？你移动的方式、地点和频率？是否有显著的身体特征？

再次观察，声音调大，把注意力集中到你讲话的语气和声调，并试着描述出来。

思考以下问题：

录像中，你是否在有意识地调控以上这些非语言表达？你课堂上所说的和你实际上表现出来的是一致的吗？这些非语言表达是否有助于加深你想对学生表达的东西？你是否需要对自己的一些非语言表达做出改变和修正？

活动 2. 检查你自己的身体姿势

以下列出了教师在上课的时候采用的七种姿势：

坐着，身体前倾；坐着，比较懒散放松；坐着，双手交叉抱着胳膊；站着，手臂向外伸展；站着，两手重叠放在身体前方；坐在讲桌后面；站在讲桌后面，两只手撑在桌子上。

现在假设面前有一些学生，尝试着做以上姿势。

以上姿势看上去是否自然从容？做这些姿势时，你有什么感受？你做过这些姿势吗？你觉得自己在做这些姿势时，学生会有怎样的感受？(如权威、威胁、自信、热情等)尝试改变自己的一些身体姿势，以提高教学效果。

五、拓展阅读

就让你的眼泪流出来①

吴　非

你说，班会上你没能忍住内心的悲伤，你哭了，因为看到学生的冷漠，因为看到一些学生缺乏羞耻感，你感到痛心，感到无能为力。你后悔自己的哭，你一再埋怨自己太软弱，没能在学生面前控制住自己。

我和你想的有些不一样。教师如果无法抑制自己的激动或伤感，那就让你的眼泪流出来，就当着学生的面哭泣吧。这有什么呢？让学生看到，老师和自己的母亲、父亲一样，和普通人一样，也有悲伤，甚至会感到绝望无助。

好些年了，面对一些学生的自私、冷漠，我这种年纪的教师也常常无话可说。教育工作中的好多困难，超出了我的预想，以个人的智慧已经无法解决；很多困苦，以我的修养也已经无法忍耐。我为什么要抑制自己，不让真实的情绪表现出来？

在学生面前，我们没有必要掩饰自己的感情。我们教育孩子们成为人，我们自己首先必须是情感正常的人。我在课堂上也曾落泪，那些教学内容首先感染了我，常常使我情不自禁，热泪盈眶。我不在乎学生说老师多愁善感，但我在意自己教出的学生能不能成为一个情感健全的真人。

哭泣与落泪未必是软弱，因为你的悲天悯人，因为你的正义冲动，因为你的仁爱和幸福。屈原不畏死，不也"长太息以掩涕兮"吗？鲁迅冷眼看世相，不也曾"又为斯民哭健儿"吗？作为教师，也应当敢哭敢歌。你当着全班学生的面哭了，因为看到青少年的冷漠和冷酷，看到了无知又无畏的可怜；你哭，是担心自己的努力可能变得毫无意义……

不要忍，就让你的眼泪流下来，当着学生的面流下来。我宁愿他们面对你的眼泪感到惊愕或尴尬，也不愿意他们就那样木然地面对人间的一切。

当然，我也感到困惑：面对那么美丽动人的故事，有些青年就是无动于衷，就是看不到人间之美，看不到生命之绚烂，看不到人间的真情，看不到

① 吴非：《致青年教师》，3～5页，北京，教育科学出版社，2010。

爱的恒久……为什么会有这样的现象呢？

青少年能被感动，除了天赋善良，更需要在无比丰富的现实生活中一点点地获得良知。在他的人生体验中，有无数真善美的声音和画面，他没能注意，也没有感受到，这是因为没有精神向导。在他童年的时候，他只得到过多的娇宠和夸奖；在他开始学习的时候，没有得到最好的启示和引导，他习惯于过多地关注自我……就这样，他对周围的一切开始缺少发现，他不会反思，他没有激情，除了考试成绩，他几乎对一切都麻木。我认识的几个学生，在高中三年里，他们总是静静地坐在教室里，面无表情，即使读一篇富有感染力的文章，他们也有气无力；他们见到教师从不主动问好，在参加重要的集体活动时，他们会若无其事地拿着一本教辅在做题……而家长和一些教师却只在意他们的考试成绩，没有意识到教育的欠缺。

作为指引者的教师，应当引导他去关注，孕育人性中最美好的情感。几乎所有的孩子都有阅读的经历，他的阅读如果是有效的，能孕育人文情怀的，他的情感就能被唤醒，也就一定会有感动。我之所以一直主张关注中小学生的阅读，绝不仅仅是考虑语文教育的需要，更是考虑到人的成长的需要。一个人的阅读积累越丰厚，他的人生感悟力就越强，他的发现就越多，而他对人间的关注和思考也就越有价值。教师的阅读经验，往往也是学生的精神资源；教师的人生情感体验，对学生会有很强的启示作用。从这个意义上说，教师应当是真善美的传播者。……不，所有的人都应当播撒和培育真善美的种子。

面对青少年的冷漠，你能悲伤地哭出来，说明你有真诚的情感，我认为这可以证明你具有成为一名合格教师的禀赋。

不要在学生面前掩饰自己的情感，不要担心在学生面前流泪，如果这一切有利于他们人性的苏醒。倘若你竭力掩饰，有可能会被学生误认作是冷漠，也有可能会让敏感的学生也去学习克制和忍耐。面对那些腐蚀青少年心灵的精神污垢，教师不应当容忍，或许此前我们忍耐得太长久了。

把你的爱，你的悲伤和失望，甚至你的恨，都真实地袒露在学生面前吧。

第三节　呵护积极情绪，调适负面情绪

一、情境再现：与孩子的负面情绪相遇

（一）“告状”也是一种倾诉

【案例】　　**爱告状的小越**

小越在班里很特殊，他特别喜欢告状，每天不停地向老师倾诉，有人往地下扔纸，有人吃饭没有吃干净，有人在传纸条……有时，老师会帮助他解决一些纠纷，分析道理。但是，他仍旧不停地向老师诉说他对其他同学的不满和抱怨。老师让他做纪律委员，不用每次都来告状，尝试着自己解决，鼓励他用笔记录下来，小越每天能记录满满1页纸，很多鸡毛蒜皮的小事儿，让老师看得哭笑不得。

但老师也发现，随着时间的推移，小越的记录慢慢变少了，也许每次孩子的诉说只是一种发泄、一种负面情绪的释放，他不在意老师是否都能帮他解决。但是，每天他都以这样的理由在老师身边说长道短，倒分散了自己淘气包的精力，降低了他自己违反纪律的次数。

据小越的母亲说，他们家长工作忙，陪孩子的时间很少，所以，小越特别渴望有人聊天、对人倾诉，他的“无事生非”和“擅长八卦”在这个家庭背景下，就可以被老师理解。他需要被关注，只能用告状的形式去表现、去诉说、去发泄。当你理解了这个孩子的家庭原因后，就会理解他的行为的异常。所幸，老师还是采取了一些措施，比如帮他分析，鼓励他自己解决，让他担任纪律委员、记录不好的行为等。老师希望他能自己尝试解决一些问题，并逐渐地减少宣泄和诉说的次数，但又不一味地否定和限制孩子。

【案例反思】面对告状的孩子，你是否了解他告状的背景？你又是如何处理这类事件的？

（二）“负负”不得“正”

【案例】　　伞引发的负面情绪

我是二年级的班主任。班里有个高高瘦瘦的男生叫小陈，在学校的表现一直都属于乖巧内向型，从不主动跟老师搭腔。那几天总是傍晚下雨，小陈的爸爸早上把孩子送到校门口，打开后备厢一看，忘记带伞了。之前答应过孩子，会把伞带来。可事已至此，爸爸说：“爸爸忘记带伞了，放学来接你的时候再送来。”孩子一听，犟着不肯进校门，不依不饶地跟爸爸说：“没有伞，我不上学。”也不肯多说其他话。爸爸知道儿子的倔脾气，不予理会，只是提高嗓门喊：“放学的时候再给你带伞，也一样啊！”小陈一下子就哭了。爸爸束手无策，只得把儿子交给站在校门口的值日、值周老师，自己上班去了。值日、值周老师在一旁劝了孩子老半天，也无济于事。值周老师赶紧到班里来找我去处理。我边听她叙述事情的前因后果，边急匆匆赶到校门口。

看见哭成泪人的他，我蹲下身子轻轻问：“爸爸没有给你带伞，你很难过是吗？”他抽噎的身体明显没有之前紧绷和僵硬，看来被我说中了。“怎么回事？能告诉老师吗？先不哭，好好说。”“爸爸明明说过要给我带伞的，可他就是没带！”看来他心里赌着气呢。“哦，你觉得爸爸说话不算话是吗？”我顺着他的心思说。“对的！”“小陈，你心里觉得很难过、很委屈，所以才会站在这里哭，对不对？”“老师，就是这样啊！”“可是，你站在这儿，爸爸也没有办法把伞变出来，对不对？”我语气很柔和。“嗯……”“小陈真是个懂道理的孩子！”我赞许，“你想想，你这个时候站在这里哭，有没有什么坏处呢？”“嗯……不知道。”“也许，爸爸上班会迟到，你上课也快迟到了哦！”孩子不好意思地笑了，看他的样子平静多了。“你觉得怎么办更好呢？”孩子想想，不说话。我注意着他的表情，缓缓地说：“小陈，你要是把自己为什么难过委屈、把心里想的都告诉爸爸，我想爸爸一定会好好向你解释的。下午跟爸爸谈谈好吗？”“我怕……”“别担心，老师会在旁边帮你。”我笑着鼓励他。他放松了下来。

【案例反思】面对突发的负面情绪，是“堵”还是“疏”？你怎么处理负面情绪的事件？

（三）“规则”与“被规则”

【案例】 **吃饭风波**

小丽是一个活泼多动的二年级女生，在中午吃饭的时候，边吃边和旁边的同学大声说笑，值班老师提醒几次后，她仍然控制不住自己。于是，老师请她到前面看看其他同学是怎么安静就餐的，结果小丽不仅没有意识到老师的用心，反而发现班长在小声说话，并且点了班长，还把名字写在了黑板上。一贯优秀的班长坐在座位上很有意见，并大声抗议：“你爱点不点，讨厌!”值班老师怒火中烧，他再一次批评了小丽，又头一次严厉地批评了班长。班长气呼呼地一脸不服气，小丽也非常委屈，掉下了伤心的眼泪。

【案例反思】“吃饭不能说笑”这样的规则是否合适？学生违反了规则，教师处理的方式是否合适？应当如何处理？

二、主题工作坊：调适孩子的负面情绪

【运用你的经验】

“当学生在课堂上不认真听课，讲话或者睡觉时，我就有抑制不住的愤怒。”“当学生不认真完成作业、抄袭同学的作业时，我就控制不住要发火。”“当看到学生在校园里手拉手、动作亲密时，我立马感到羞愧，随即气愤。”……这些都是教师心境的真实写照，当教师遭遇孩子负面情绪困扰时，该如何面对呢？

在实践中，教师“高高在上”的现象还普遍存在，面对学生的负面情绪，教师会无意识地用“惩罚型”“交换型”“冷漠型”“说教型”的方式对待。例如：学生对于背课文很有畏难情绪，老师罚抄课文；当学生受同学欺负而哭泣，老师简单地拿诱人的奖品将他们从负面情绪中抽离；学生受了委屈，老师也依然专注于自己的事，不予理会；有时老师干脆忽略孩子的情绪，只是灌输那些学生听得耳朵已经长茧的大道理。这样负面的处理方式，会激化矛盾。此时，“负负”不得“正”。

【小测试】

面对学生的负面情绪，你属于哪种类型

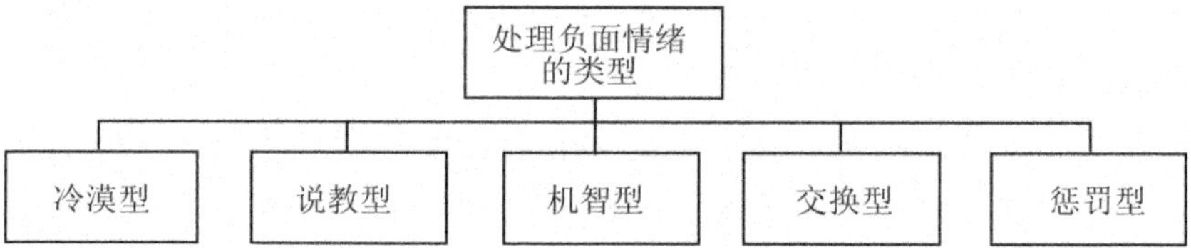

图 1-1　处理负面情绪的类型图

那么，应该如何有效地处理学生的负面情绪呢？如果没有很好的干预措施，人的负面能量是会增加的。长此以往，便会把负面情绪囤积在心里，不相信自己的判断，自尊心受到挫伤，形成郁结，产生心理疾病，导致各种各样的反社会行为。因此，教师一定要及时对学生进行情绪疏导。

（一）整体了解，辨识问题

反思上述案例中教师的处理方式，在从值周老师那里了解事情的前因后果之后，见到小陈便立刻认同了他的情绪。孩子是一个独立的人，需要大人平等地看待他，注意他的情绪，了解他的想法，认同他的思考。之后，平和耐心地倾听他的述说，请孩子放宽心与自己分享事情的始末。述说的过程就是情绪宣泄的过程，随着述说的结束，孩子慢慢平静下来。这时，和孩子谈论具体的细节，肯定他是因为心里难过才不肯进校门，是可以理解的事。孩子感受到教师完全理解他的想法，自然愿意跟教师一起讨论“不肯进校门”这一行为带来的负面效果。传统教育让老师习惯于告诉孩子应该怎么做，其实，给孩子思考的空间，引导他去想，说出更有效的处理事情的方法，孩子就从这一事件中学到了独立思考，学着勇敢尝试。

【策略】

(1)观察：在做出合适的回应前，教师要仔细观察学生的行为，正确识别孩子的情绪和表达方式。

(2)理解和引导：要帮助学生理解老师的用意，特别是低年级的学生，要告诉他如何做、为什么这么做。发生意外时，要引导孩子理解老师的本意。老师更应该理解孩子行为背后的立场，带着同理心去走进孩子真实的内心世界，不误读孩子表面行为。

(3)调试和激励：教师应该调试自己的情绪，不轻易发脾气，耐心帮助学生做换位思考，激励学生更好地与同学相处，明白管理者与被管理者的关系，使师生关系更加融洽，生生之间更和谐。

（二）共情引导，拒绝负面处理

在日常教育生活中，我们每天都会遇到类似的告状声——“老师，他打我！”“老师，他把我橡皮拿去了！”“老师，他把我的书撕破了！”……每当这种时候，别着急上火地用笨拙的负性方式去对待，谨记此刻“负负”不得“正”。请把孩子叫到身边来，听听事情的原委，让他们说说为什么要这样做，心里是怎么想的——接受、分享他们的情绪。知道事情的本末，再站在孩子的角度，理解他们的行为就变得容易了。还要多问问他们打算怎么做，尽量引导孩子自己想出更有效的处理事情的方法。孩子实在不会的教师再教给他们。

教育者要有一颗明净智慧的童心，当孩子感觉到教师的心和他在一起，接受他的情绪，分享他的喜怒哀乐，他会很快乐；当教师把自己的心和孩子的心放在一起，分享、肯定、引导他们的行为，便能享受到教育生活朴素的幸福。

教师处理学生负面情绪可按照下列步骤实施：

(1)接受：教师说出一到两句话，表示注意到孩子的情绪，邀请孩子坐下来谈谈(接受有情绪的他)；

(2)分享：教师必须先分享情绪，后分享事情内容，让孩子平静下来，然后才问孩子具体细节；

(3)肯定和引导：找出事情中一些可以肯定的地方，认同孩子的感受或行为，然后引导孩子看到行为可能带来的负面效果；

(4)策划：与孩子谈论如何可以做得更好，尽量引导孩子自己想到、说出更有效的处理事情的方法。

【做中学】 **负面情绪调适“四步走”**

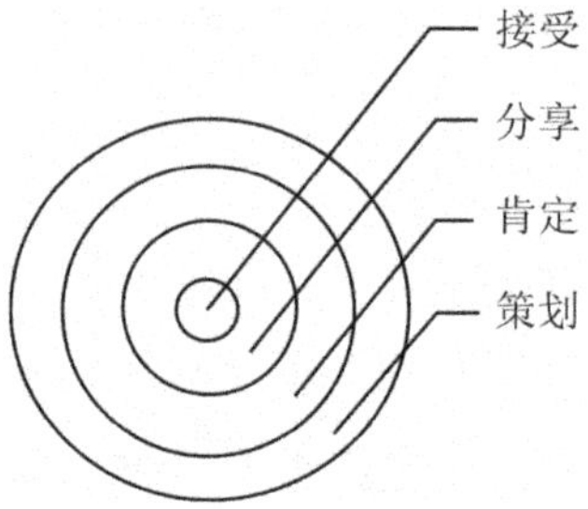

图 1-2　四步走

教师引导小学生学会用手掌图来调节自己的情绪

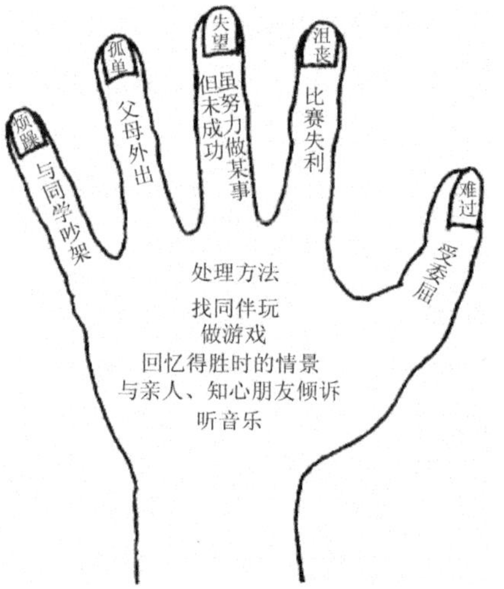

图 1-3　手掌图

1. 我们知道：每个人都有烦恼和忧愁，遇到不顺心的事不要憋在心里，只要你尽情地诉说了，一切都会好的。

2. 当我们感到情绪不好的时候，请把令你烦恼的事告诉知心朋友。

3. 如果你没有知心朋友，请把令自己烦恼的事写出来，然后自己回答三个问题：

(1)我为什么为这些事烦恼？

(2)这些事对我有什么用？有什么影响？

(3)烦恼发生的根源是什么?

最后，将自己的烦恼整理成文字，使自己对烦恼的认识由感性上升到理性，从而正确地对待和处理自己的烦恼。

三、认知堂：呵护小学生的积极情感

对某情感做出积极或消极的判定实际上就是对它做出价值判断，价值判断需要有个标准，所以标准的确立是否科学就决定了评判的正确与否。各门学科都有自己独特的研究对象和范围，生理学以人的身体健康为核心对象，所以它必然用“是否有利于人的身体健康”来判断情感的善恶；心理学根据自己的学科特点将机体(如内脏)的变化(如兴奋或抑制)或个人的情感体验当作情感性质的价值标准，也是情理之中的；伦理学关注得更多的是人的社会性方面，所以人的一切情感反应都要用是否有利于社会的秩序来判断。教育学无疑要吸收各门学科的观点，但是不能简单地遵从它们。上述学科在判定情感性质的时候，只是根据其自身的特点，依据人的局部本性(或生理，或心理，或伦理)。而教育学是面对全面人性的学科，它既要以学生的生理为对象，也要以学生的心理和伦理道德为对象，要尊重人的原始情感，更要促进人的原始情感的理智化、伦理化。总之，教育是帮助个体发展的过程，所以教育学积极情感的认定应该从“个体”和“发展”这两个角度去考虑，当然，这里的“个体”不是那种游离于社会环境的抽象个体。

小学阶段，尤其是低年级阶段，是孩子情感发育的关键时期，自信、自尊、希望、乐群等道德的种子还没有萌芽，至于它们什么时候萌芽，并没有一个确定的时间表，因为道德种子的萌芽是一个漫长的过程。正如苏霍姆林斯基所说：“今天在孩子身上所培养起来的，要在几年后，甚至是几十年之后才会成为一个成熟的公民性、道德和精神面貌的因素。”我们相信，在这个阶段种下一些情感的种子并用心呵护它，这些种子就会犹如小树一样节节生长，相关的道德品质也会如枝丫一样不断生长出来。以下，仅以好奇心、观察力、勇于表达等为例，说明教师应如何回应、呵护孩子的这些积极情感。

(一)满足儿童的好奇心

一般说来，学习兴趣是在人的求知需要的基础上产生的，而求知需要又是在动物的探究反射的基础上发展起来的。求知需要的初级表现或儿童期的表现就是好奇。儿童的好奇心特别强。好奇是人类与生俱来的对新异或陌生事物的一种反应和反射，是科学的种子、知识的萌芽。有经验的教师首先是从满足、保护和发掘儿童的好奇心开始教育儿童的。

【案例】　　　　我的水杯掉进塑料瓶回收机了

一年级新生刚入学没几天，一个上午的大课间，小邵眼泪汪汪地来找我，已经泣不成声："老师，我的水杯……掉进那个机器了，没有了！"原来是教学楼外面有个塑料瓶回收机，小邵刚入学，觉得什么都是新奇的，想用自己的水杯试试看机器是不是真能回收东西，就一步一步点击按钮，水杯往里一放，真的就再也出不来了。看得出来，这真把小邵给吓坏了。

我赶紧蹲下来，一手抚摸孩子肩膀，一手给他擦泪，安慰他："水杯是可以找回来的，老师下午去问学校拿钥匙的老师，就能取出来了。"他还是哭个不停，我继续说："你想想，现在只是水杯掉进去了，即使取不出来，我们可以重新买水杯，这都不是大事。如果是你手指头伸进去了，机器一合住，夹到的是你的十个手指头呢？"说到这里，小邵不哭了，意识到问题的严重了。

"赶紧摸摸自己的十个手指头还在不在，能不能动。"他看了看自己的双手，活动了一下，没啥事，破涕为笑："手指还在，它没事。""是啊，只要咱们是安全的，这是最重要的，幸好你是拿水杯试的，如果你是用手指试呢？这次是不是很幸运？"他点点头，松了一口气："是很幸运，幸好我用的是水杯。"我说："是啊，咱们身体安全了就好，水杯老师去帮你想办法取出来。但是老师也对你提出批评，因为回收机是用来回收废物、保护环境的，你却用它试着来玩，万一坏了，别的小朋友还怎么用？咱们得爱护公物，以后不能这么做了。"小邵深深地点了点头："老师，我以后再也不这样了。"

【案例反思】面对小邵的好奇心，教师是如何一步步引导的？如果是你的话，你会如何处理？

（二）培育儿童的观察力及勇于表达的能力

小学生观察力的发展水平，随年级增高而提高。我国学者丁祖荫通过对幼儿园到小学高年级学生观察图画能力发展的研究，认为儿童观察的发展可分为四个阶段：认识"个别对象"阶段；认识"空间联系"阶段；认识"因果联系”阶段；认识“对象总体”阶段。小学低年级到高年级分属于后三个阶段。小学生的观察品质伴随不同的阶段在逐渐发展，初入学的小学生观察的目的性较低，他们一般还不会独立给自己提出观察任务，也不能很好地排除干扰，在观察活动中往往受到刺激物的声音、形态、颜色等特点和个人兴趣、爱好的影响，观察得比较模糊、笼统，没头没尾、不系统，也缺乏深刻性。正是由于这些观察的特点，教师要引导、呵护学生的观察兴趣，逐渐培养起观察的品质。

现在的小学生，因其接触的信息多，在语言表达方面已经相当活泼、开放，但因其年龄的特点，表达还略显粗糙，主要表现是表达比较随心，词语运用不够准确达意，往往注重说而忽略了倾听。但关键是，教师要营造让学生敢于表达的氛围，让学生在尽可能多的表达过程中学会表达、学会倾听，逐渐培养起学生表达的能力。切不可因为表达的随心所欲就压抑学生，不让其表达，要多鼓励，毕竟表达也是一种情感的需要。

【案例】　　　　盗版“苹果”

今天，我来到二(3)班上课，一个小男孩盯着我的新毛衣，好奇地问：“王老师，您毛衣上的苹果反了吗?”“什么?”我没听懂。

他像发现新大陆一样侃侃而谈：“是这样的，iPhone手机上的苹果标志是右边被咬了一口，您的毛衣上的苹果怎么左边被咬了一口?”在佩服他细致的观察力的同时，我正思忖着找个理由解释一番。他却大声叫道：“天啊！王老师穿了一件盗版毛衣!”于是，老师穿盗版“苹果”毛衣这件事令全班小朋友们一片欢乐！大家俨然已经具备了3·15打假的火眼金睛！

我想，我不需要找什么理由了，我送给孩子们的同样是一脸善意的微笑，摊开双手，做了个不置可否的表情。我并不觉得孩子恶意冒犯我，而为他们纯真的童心、为他们可贵的观察力、为他们的幽默而感到欢喜不已。

【案例反思】如果是你，你会认为学生是在恶意冒犯吗？你会如何处理？

【案例】　　　　我没有浇花

二年级的小云是一个能量充沛的女生，用班主任的话形容就是“一刻不停”。

今天，我去他们班上课，铃声响过了，她还在窗前浇花，同学们纷纷提醒她："小云，别浇花了，今天很多人都浇过了，花儿不需要那么多水!"甚至有的小朋友都走到她身边，想夺下她手里的喷壶。

她自顾自地浇着花，嘴里一直在解释："我没有浇花!"

嘿，这可新鲜了，众目睽睽之下，居然胡说，让我这个老师也很意外，毕竟，她只有二年级啊!

我没有批评她，而是走到她身边，温和地提醒："小云，上课铃响了，咱们要上课了，下了课，再浇花也不迟，好吗?"

她听了，不仅不回位子，还忽闪着大眼睛对我说："老师，我真的没有浇花，您看!"

我定睛一看，原来，她在用喷壶的壶嘴接着花盆底托里溢出来的水!

"如果水流到地上，做卫生的同学怎么清理啊，再摔着人!"

这回，我终于明白了，这是一个多么可爱的小女生啊!

差点错怪了她。

我激动地转向全班："小云同学太可爱了，她怕花盆里的水流到地上，用喷壶的壶嘴去接水，一说明她观察力超强，二说明她为大家着想，真是个聪明懂事的好孩子!"

话音未落，教室里已经响起了热烈的掌声!

【案例反思】从小云同学身上，你还看到了哪些积极的品质？现实中，你是否也遇到过"错怪"学生的情况？可否做一下分享？

四、百宝箱

（一）绘本推荐

推荐低年级学生阅读《生气汤》《菲菲的一天》等绘本，引导学生在读故事的过程中懂得怎样控制情绪。

（二）案例反思

小月前几天遇到了一件不顺心的事，好几天她都一直阴沉着脸，不说也不笑。别人问她怎么了，她头一低就躲开了，这样一来，同学们对她就疏远了，她的学习成绩也下降了。看到这些情况，班主任王老师把小月叫到她的办公室，语重心长地对她说："小月，老师知道你心里有事，希望你能说出来，好吗？如果一个人的情绪不好，把烦恼总是放在心里不释放出来，不但会影响学习，还会影响与同学的关系，对自己的身体健康也有坏处。所以当你心情不好的时候，最好找一个值得你信任的人把心里的话告诉他，这样你的心情就会变好的。你觉得老师值得信任吗？如果值得，你就尽管跟我说吧！”小月听了，眼泪一下子涌了出来，“哇”的一声哭了。小月哭了半天，王老师慢慢地擦干了她的眼泪，接着说：“你尽管哭吧！这对你有好处。”小月不哭了，感激地向老师倾诉了长时间闷在心里的事，接下来的几天里，大家发现小月变了，又跟以前一样了。

思考：教师如何成为学生情感倾诉的第一人？

五、拓展阅读

致未来的教师

苏霍姆林斯基

我常常收到大学生其中主要是师范生的许多来信。几乎所有的信里都提出一个问题，我觉得，回答这个问题对于许多未来的教师是有一定意义的。这个问题的意思是：究竟在教育工作中什么是最重要、最主要的？

我对这个问题已经思考了32年。回答它并不那么容易，因为在我们的工作中，没有哪一样是次要的东西。不过，教育工作毕竟还是有个核心的。

未来的教师，我亲爱的朋友！在我们的工作中，最重要的是要把我们的学生看成活生生的人。学习——这并不是把知识从教师的头脑里移到学生的头脑里，而首先是教师跟儿童之间的活生生的人的相互关系。

儿童的脑力劳动、他在学习中的成功和失败——这是他的精神生活，是他的内心世界，无视这一点就会带来可悲的后果。请记住：促使儿童学习，激发他的学习兴趣，使他刻苦顽强地用功学习的最强大的力量，是对自己的信心和自尊感。当儿童心里有这股力量的时候，你就是教育的能手，你就会受到儿童的敬重。而一旦这种不能以任何东西相比拟的精神力量的火花熄灭之时，你就变得无能为力了，即使有影响儿童心灵的最英明、最精细的手段，它们都会成为死的东西。

不久前，在一所学校里发生过这么一件事。有一个学生，无论怎么也弄不懂植物是怎样吸收营养，怎样呼吸，怎样从幼芽里发育出叶子，怎样从花里结出果子的。生物教师经常提问他和刺激他：“难道你连这么简单的东西都弄不明白吗？你究竟能干点什么呢?”在这个男孩子的心里，渐渐地对自己失去了信心。最基本的知识对他来说也变得复杂了，因为缺乏自信心像一堵墙一样挡住了他通向认识的道路。有一次上课时，生物教师说：“再过几天，幼芽就要长出来了，我们全班都到长着栗树的林荫道去观察。在那里，要是阿辽沙还说不出别人都明白的东西，那时候事情就毫无希望了。”

生物教师很喜欢自己栽种的东西，他从种子培育出栗树的幼苗，再把这些小栗树排成一条林荫道。当全班学生来到栗树林荫道的时候，生物教师惊呆了：树上的幼芽全被剥掉了……学生们也垂头丧气地站在那里。而在阿辽沙的眼光里，一刹那露出幸灾乐祸的火花。

这个行为的背后隐藏着什么呢？是内心深深的痛苦、屈辱，精神力量的突然燃烧和爆发。阿辽沙以此表示抗议，他感到生物教师的话里含有恶意。而孩子是会以怨报怨的，有时候甚至做出奇怪的、荒唐的、毫无意义的事来。

但比较常见的情况是：一个学生，接连不断地吃“两分”，他就跟自己的命运妥协了，渐渐习惯了这样的想法，就是“自己什么都不行”。每当我看到这种态度冷淡、毫无怨言、准备耐心地倾听教师的讽刺和训斥而无动于衷的学生时，心里就充满了不平和愤慨。我的年轻的朋友，请你像怕火一样避免这样的事情吧！要为这种毫无怨言、默不作声、准备接受任何训斥的学生而感到可怕。这对一个人来说是最可怕的事。当你看到学生性格执拗、爱发脾气的时候应当感到高兴，应当容许学生对你的思想似乎抱着不信任的态度，让他去检验、去研究吧。“执拗性格万岁!”——我真想用最鲜明的字体写下这句话，并把它张贴在教员休息室里……

你是明天的教师，请记住：每一个儿童都是带着想好好学习的愿望来上学的。这种愿望像一颗耀眼的火星，照亮着儿童所关切和操心的情感的世界。他以无比信任的心情把这颗火星交给我们做教师的人。这颗火星很容易被尖刻的、粗暴的、冷淡的、不信任的态度所熄灭。要是我们做教师的人在心里也像儿童对待我们那样，把无限的信任同样地给予他们就好了！那将是一种富有人情的、相互尊重的、美妙的和谐。

第二章　特殊的“三四年级”，特别的情感表达

三四年级是孩子大脑发育的关键期，10 岁左右的孩子处于儿童期的后期阶段，大脑发育正好处在内部结构和功能完善的关键期。随着大脑发育的成熟，思维发展水平由具体形象思维向抽象逻辑思维过渡，这是一个由量变到质变的飞跃过程。这一时期孩子注意力的稳定性提高了，记忆能力、理解能力、思维能力和表达能力都快速发展。三四年级作为小学的中段，是孩子跨入中高年级的过渡阶段。这一阶段是孩子学习习惯、学习态度养成的关键阶段，也是孩子形成自己主见、逐渐走向独立的发展阶段。这一阶段，孩子面临的问题最多，变化最大，因此也最不稳定。有人将这一阶段称为“马鞍期”，可见这一阶段的重要性。如果引导不当，将会造成孩子的成长危机。特殊的“三四年级”，需要教师特别的情感关爱。

第一节　三四年级何以特殊

一、情境再现：学生的大分化

（一）重建学习的自信心

【案例】　　孩子，请高高地举起你的手

那次语文课，我给学生讲一首古诗——王维的《鸟鸣涧》。课前已让大家预习过了，有一项内容是自己收集王维的资料，课上与大家分享。“关于王维，你知道多少，谁来说说?”我微笑着看着大家，几乎每一个人都举起了手，抢着要回答。“大家预习得真充分……”正当我要叫人回答时，我发现，就小朱没举手。我就叫起了小朱：“预习作业是昨天留的，你怎么没做啊？你看，

大家都举手了，就你一个人没举。”“老师，我预习了。”她的声音很小。“那你就来和大家分享一下你对王维的了解。”她站在那儿，什么也没有说。一阵安静以后，我有些生气地说：“每次都这样，站起来也说不出来，还是预习得不够充分。”同学们也你一嘴我一嘴：“老师，甭管她，她就那样。”“老师，她从一年级就这样，您不用理她。”“老师，上课吧，别因为她耽误大家时间。”

这时，我向小朱走去，她低着头，仿佛已经知道老师要来批评她了。当我走到她面前时，我发现她桌子上摆着王维的资料，明显是已经收集好了的。我感到很奇怪：“你不是收集资料了吗？干吗不举手回答问题？老师叫了你，你也不说话。你说，这是怎么回事？”我尽量用平和的语气，可小朱还是低着头不说话。其他同学又开始“攻击”了：“老师，您就甭管她了，她不会。”为了不让她成为班上的众矢之的，我选择了把这件事冷处理，先放一放。我让她坐下，继续上课。

课下，我把小朱叫到楼道里。我想，她的问题不是不会，不举手肯定有其他原因。她默默地低着头，一言不发，好像犯了非常大的错误似的。我蹲下身子看着她说：“我知道小朱是个听话的孩子，老师也很喜欢你。你能跟老师说说，你上课为什么不举手吗？老师很想帮助你，希望你能把心里的想法告诉老师。”她慢慢抬起了头，眼里噙着泪水，小声说：“我害怕我说错了、说得不好，同学们会取笑我。”

我恍然大悟，原来，小朱是一个缺乏自信的孩子，她的内心很希望得到别人的认可，但又怕自己做不好。看着这个可爱的孩子，我下定决心，一定要帮她重拾信心。这天晚上，我和小朱的家长通了电话。从她的家长那里我了解到，小朱是个自尊心极强的孩子，而且不太会与其他人沟通，因为缺乏自信，所以很多事都不敢去尝试。沟通之后，我深刻认识到，知识可以努力去学，如果一个小学生失去了自信，对以后的学习生活会有很大的影响。我必须帮小朱建立起自信。我也和她的家长交流，希望他们能配合我，多与孩子谈心，家校合作，一起努力，等待小朱的改变。但建立自信这件事，必须要有老师的鼓励和合适的教育契机。接下来的日子，开始了我的“帮小朱建立自信”计划。

在此后的课堂上，我试着放大小朱的优点，先是找一些简单的问题点名让她回答，只要她答对了，我就在全班同学面前表扬她，树立她在班中的好形象。随着我的表扬，同学们也渐渐关注她、爱和她在一起玩了。她取得进步后，我都会及时肯定和鼓励。每次得到我的表扬，她都十分兴奋，眼睛都亮了起来。慢慢地，小朱开始主动找我谈话了，我跟她有了一个小约定：只要她会的问题，一定要"举起手来"。她欣然答应了，还回家和父母说，老师特别看重她。她进步很大。

一个月后，期中考试来临了，她本来成绩就不错，加上这段时间老师的鼓励，她学习更加努力了。这次考试之后，她的成绩跃进了班里的前五名。在语文试卷分析课上，我当着全班同学的面为她竖起大拇指，并且告诉她："小朱，你很棒，进步非常大，以后上课的时候，要时常举起手来哦。"从她的眼神中，我看到了她肯定的回答。果不其然，在接下来的日子里，小朱课上举手的次数明显增加了，站起来也能落落大方地回答问题了，课下笑声多了，与同学的交流也多了。看到她的改变，我第一次有了成就感：教育这件事，真是很神奇。

【案例反思】你平常是否关注到了像小朱这样的学生？你是否像这位老师一样采取了实际行动？跟我们分享你的案例吧。

（二）面对消极的情感体验

【案例】　　　　一个"学困生"的遭遇

那是一堂四年级的《典范英语》阅读课，我设计将学生平均分成两队进行词汇接龙比赛，先找出两位学习成绩好的同学作为队长，由他们选出自己认为有实力的队员组建自己的团队进行对抗赛。队员的招募起初非常顺利，已经入队的选手们摩拳擦掌，开始商量战术。未被选入队的学生越来越少，十个，五个，三个，两个。最后，剩下了那个坐在角落里从来不吭声的小萌，紧张不安，一脸的惶恐。是的，没有人愿意招这么个"学习不好""有点迟钝"的小姑娘入队。我开始自行分配，"小萌虽然不爱说话，但是她的记忆力特别好，一定能帮上大家的忙！小萌，你到第一组来吧！"小萌憋得小脸通红，慢慢站起来，怯生生地往第一组"挪"过去。

"Ms. Zhao！这不公平，凭什么把她分到我们组，她很笨！"突然，一个尖锐的声音从身后发出来。同组的其他学生也开始愤愤起来，纷纷议论着："谁愿意跟她一组啊，反应那么慢！”可想而知，这轮比赛以第一组输了告终，愤愤不平的组员压抑不住心中的怒火，都开始抗议了：“就怪她，慢得像头牛，能不输吗？”“真没劲，有她在咱们组就赢不了！”“Ms. Zhao，以后咱们再玩这种游戏时分组就别算她，到哪儿都拖后腿。”……

站在队末的小萌像个犯了重罪的罪犯，脸色惨白，低着头，浑身发抖……大家的指责声不断，局面几乎到了失控的程度，甚至有两个组员委屈得哭了起来，边哭边申诉：“谁跟她一组谁倒霉！”小萌的最后一道心理防线终于失守，眼泪一股一股地喷涌出来，号啕大哭，冲出教室。下课铃声响了，本该刺激好玩的词汇游戏最终以深深挫伤了小萌的自尊心收场。上班刚刚一个多月的我惶恐极了，三步并作两步追出教室拉住小萌，把哭得上气不接下气的小萌带到竹林，待她平静后，竭尽全力开导小萌，并向班主任求助，共同疏导，用了快一个下午的时间，终于安抚住了小女孩，小萌破涕为笑。表面上，风波平息了。然而，这堂英语课却在我的心中留下了抹不掉的印记。这件事会不会给这个柔弱的小女孩造成难以修复的心理伤害？我真的不敢保证。我是否该反省自己，这个突发奇想的游戏分组方式科学吗？

【案例反思】如果你是英语老师，有没有更好的办法处理小萌的困境，让她对学习形成一种积极的情感体验？

（三）教育需要等待

“老师，老师，下课了，3 班的人又在楼道里大喊大叫。”“老师，老师，3 班的斌斌和阅阅打起来了。”“老师，老师，3 班男生把厕所的门弄坏了。”……办公室里每天都上演着 3 班孩子“大闹办公室”的场景。这就是刚刚入学时的 3 班孩子，顽皮好动，各种调皮捣蛋，每每提起总是让老师们头大如斗。

赵老师总是从细微之处走进孩子们的内心世界，开发他们的潜质，用爱心、耐心、细心慢慢地改变着孩子们，等待他们成长。胆小害羞的孩子，赵老师关注他们取得的点滴进步，公开肯定他们、鼓励他们。调皮好动的孩子，赵老师因材施教。他让酷爱聊天的曹泽涵担任升旗主持人，发挥其“爱说”的才能；让总爱提出各种意见的张博嘉担任卫生检察员，发挥其“细心”的才能；让爱跑爱闹爱结交朋友的杨子阅担任读书小队队长，发挥其“领导”的才能。虽然孩子们性格迥异，但赵老师总能在细微处找到教育的切入点，并善于发现他们身上的亮点。

这些看似“不经意”的细节，慢慢改变了 3 班的孩子们。自卑内向的允珂、梓鸣、姚姚会用亲切的语言向每一位老师打招呼，和同学一起玩耍了；胆小、不自信的朵儿、嘉雯能够大胆地站在主席台上，主持学校的大活动了；淘气捣乱的涛涛、斌斌能够主动帮我收拾学具，分发作业本了……我想，这就是我牵着这些“小蜗牛”们散步，带来的润物无声的效果吧！

【案例反思】有时候，我们忘记了“教育需要等待”，忘记了学生需要“慢慢”地成长，更忘记了我们是在牵着一群“小蜗牛”散步。你是如何理解的？

二、主题工作坊：不可错过的关键期

生物学家研究表明，大脑的发育不是一个匀速和直线发展的过程，而是一个非匀速和分阶段的过程。一般来讲，大脑的发育有两个关键期：一是从出生后到三四岁这个阶段；二是孩子 10 岁左右。也就是说，孩子上三四年级时，他们正处于大脑发育的第二个关键期。孩子在 10 岁左右，虽然大脑的重量不再有明显的增加，但脑细胞内部的结构在进一步地复杂化，大脑的各项功能也逐渐趋于成熟。由于大脑结构的复杂和功能的成熟，三四年级孩子的心理特点和行为趋向将会发生明显的变化。研究还表明，10 岁左右大脑前额皮层的发育开始完善，孩子玩的天性开始消退；相反，大脑的抑制能力加强，儿童对自己的行为和情绪变化变得更有意识；三四年级孩子注意力的目的性增强，保持的时间更持久，由 15～20 分钟提高到 20～30 分钟，可以胜任更加复杂的学习任务；孩子对于各种活动的目的性增强，内在动机开始成为孩子学习的动力，但是外在激励仍然是孩子学习的重要动力；第二信号系统的语言和文字反应增强，思维能力的发展处在转折时期，抽象概括、分类、比较和推理能力开始形成；思维的敏捷性和灵活性提高，做题的速度和准确性提高，思维开始从模仿向半独立和独立转变；随着抑制能力和思维能力的增强，儿童的自制能力开始增强，但是仍然不稳定；开始有自己的独立见解，独立意识开始增强……

【小统计】　　三四年级学生的特点

表 2-1　三四年级学生的特点

序号	特点	是	否
1	孩子玩的天性开始消退		
2	儿童对自己的行为和情绪变化变得更有意识		
3	孩子注意力的目的性增强，注意力能保持 20～30 分钟		
4	内在动机开始成为孩子学习的动力		
5	思维能力的发展处在转折时期，思维的敏捷性和灵活性提高		
6	开始有自己的独立见解，独立意识开始增强		
7	……		

（一）在学业成绩方面

10 岁，孩子的思维处于高速发展期，各方面能力提升得很快。同时，也是孩子厌学情绪的高发期。对此，很多教育者深有体会，到了三四年级，很多孩子不但会学习成绩突然大幅度下降，而且还会表现出明显的讨厌学习的情绪——他们讨厌学习、讨厌写作业，甚至对教育者常说的“要好好学习”之类的话会表现出强烈的反感。原因一方面与孩子的自我意识形成和思维能力的发展有关。在一二年级的时候，孩子会表现得很乖，努力按照成人的要求去做个“好孩子”、取得好成绩，他们从不会去过多地想“为什么”，认为教师和家长就是对的。但是，到了三四年级，他们开始有了自己的独立思维，他们开始思考：我为什么要学习？学习不好能怎样呢？另外，由于自我意识刚刚出现，这时候的孩子固执地认为，自己可以解决所有的问题。这时，教育者的叨唠和命令不仅会令孩子感到厌烦，而且会给他们一种错误的信息：学习是一件很艰苦的事情，自己在为教育者而学习。在这种错误信息的感染下，孩子就会产生厌学情绪。当然，如果教育者了解这一阶段孩子思维发展的特点，能够采取措施让孩子明白，他们在为自己而学习，并引导他们找到学习的乐趣，那孩子就会动力十足地去学习。学习的动机明确了，他们的学习成绩将进入一个定型期。

另一方面，也与小学阶段知识的难度发展规律有关。在一二年级，由于知识比较简单，只要孩子努力，一般都会取得比较理想的成绩。但到了三四年级，学习难度不断加大，很多孩子都会感觉到对学习力不从心。面对孩子学习成绩的下降，很多教师或父母不但不理解，反而常常用语言来刺激孩子："为什么到了三四年级，成绩会下降这么多呢？真是越大越没出息！""说，你最近是不是总贪玩了？""一提到学习你就皱眉头，你是不是跟学习有'仇'呀？"这样的语言暴力，甚至是斥责、打骂孩子，只能使孩子更加厌恶学习，从而产生很强烈的厌学情绪。教师或家长需要了解这一时期学生知识的特点，从而对孩子多些鼓励，少些抱怨；多些表扬，少些批评。这样孩子就会获得学习的乐趣和自信，逐步提高学习能力。

【反思港】 **你是否使用过这些语言**

表 2-2　不当语言表

序号	语言表达	是	否
1	真是越大越没出息！		
2	就知道贪玩！		
3	你是不是跟学习有"仇"呀？		
4	笨得跟头猪似的！		
5	你不学可以，但不要影响其他人！		
6	你要不想学就回去！		
7	没见过像你这样的学生！		
8	你父母是干啥的？		
9	你怎么越来越差了？		
10	……		

（二）在心理情感方面

10 岁左右，由于大脑发育正处在内部结构和功能完善的关键期，孩子的自我意识开始崛起，他们强烈渴望得到成人的尊重、理解，希望成人把他们视为独立的个体。但遗憾的是，很多教育者不了解这一点，结果使得孩子经常与教育者作对。三四年级，是形成自信心的关键期。孩子在接受别人的评价中能发现自身的价值，产生兴奋感、自豪感，对自己充满信心；有的还表现出强烈的自我确定、自我主张，对自己评价偏高，表现出自负的心理。然而，有的孩子则因为成绩不好或某个方面稍差一些，会受到班级同学的歧视，往往对自己评价过低，认为自己不如别人，对自己失去信心。

（三）在行为方面

一二年级的孩子会表现得比较乖巧，行为方面中规中矩，遵守纪律。可是，到了三四年级以后就开始出现让人意想不到的举动，如撒谎、说脏话、上课捣乱、逃课等异常行为。究其原因，一方面是因为这一时期学生进入少年期，会出现一种强烈要求独立和摆脱成人控制的欲望，他们通过行为举动来表现出他们的独立性。但是，由于内部的自控能力尚未发展起来，所以他们还不能有效地调节和控制自己的日常行为。另一方面学生的行为也跟成人的期待有关，家长或教师对孩子的要求从一二年级的“听话”的标准上升到三四年级的“学习好，能力强”的标准，因此对他们的照料和关注比以前要减少许多，使得父母与子女的关系、师生关系缺乏沟通，开始出现矛盾或代沟。

日本一位研究行为学的专家做了这样一项调查：分别对小学四年级到高中三年级的数千名孩子进行测试，测试的内容包括知识测试、能力测试和习惯测试。测试的结果令这位专家很惊奇，因为他发现，从小学四年级到高中三年级，孩子的知识得分和能力得分一直都在呈上升趋势，但他们的习惯得分却没有太大改变。因此，专家得出这样一个结论：孩子习惯培养的关键期是在小学的中低年级，而四年级是一个“分水岭”。这也就是说，在四年级之前，如果孩子养成了良好的学习、生活习惯，那这些好习惯将会伴随孩子一生；在四年级之后，如果孩子想改掉某些恶习，除非进行特殊的训练，否则是很难的。在10岁左右，由于自我意识的形成和发展，孩子行动的动机开始由直接动机向间接动机转化。在一二年级的时候，孩子往往为了一根棒棒糖、一朵小红花或者一个简单的奖励而与教师合作，激励学习。但到了三四年级，因为自我意识的萌发并逐渐强化，即使没有这些直接的奖励，孩子也会努力地把自己好的一面表现给别人，因为他们更想得到别人一致性的、肯定性的评价。因此，在这个时候，出于自我的内在动机，他们会很乐意去培养好习惯和改正坏习惯。

【反思港】

三四年级是孩子成长发展的关键时期。在这一时期，学生的学业成绩、心理特征及行为趋向将发生明显的变化，了解、认识、识别这些变化并有针对性地做出回应，才能避免危机的出现，才能使得这些变化成为成长的契机。这需要教育者的教育智慧，情感是其中的重要方面。你准备好了吗?

三、认知堂：如何帮助学生度过“马鞍期”

三四年级不仅是孩子学业成功的关键时期，还是其他综合素质发展的关键时期，所以，把握好这一教育契机对孩子的成功是非常重要的。但是，孩子自己不可能知道这个时期的重要性，告诉孩子三四年级的重要性也不会起到任何作用。错过三四年级的教育时机会带来严重的后果，甚至会直接导致孩子未来的学业失败。

（一）教师要注重培养孩子的学习能力

三四年级是培养学习能力的关键时期，这两年的努力将会使培养注意力、记忆力、理解能力、思维能力和表达能力的效果事半功倍，而错过这两年对于学习能力的培养将是莫大的损失。小学低年级的孩子一般来说书面语言落后于口头语言，从二三年级起书面语言逐步赶上口头语言，三四年级起书面语言就超过口头语言，抽象思维能力开始快速发展。根据这一变化，语文教学强化了阅读分析和写作的训练，数学开始接触分数、面积、进率等比较复杂的问题，以发展学生的概括、对比和分类等抽象思维能力。社会课程则更加注重介绍更为复杂和间接的社会现象，科学课程则通过观察、分析和归纳开始探讨一些自然现象的奥秘。学校教育的转变要求三四年级孩子的学习方法和习惯随之发生一定的变化，如养成课前预习和课后复习的习惯、养成思考和分析的习惯、养成必要的数学思维习惯等。教师要更加注重引导孩子掌握有效的学习方法，形成良好的学习习惯，维持孩子的学习热情和探索的欲望，这些对孩子今后的学业成功是非常重要的。

（二）教师要注重孩子良好习惯的养成

三四年级是良好习惯培养和定型的时期，可以通过一定的努力改正以前的不良习惯和养成良好的学习习惯，如果孩子在三四年级尚未形成良好的习惯或者养成了不良习惯，则需要经过特殊的努力才能够改正过来。美国著名教育家曼恩有句名言：“习惯仿佛像一根缆绳，我们每天给它缠上一股新索，要不了多久，它就会变得牢不可破。”可见改正不良习惯的艰难。事实上很多孩子的不良学习习惯直到高中以后也未能改正过来，成为孩子学习中看不见的拦路虎。苏联教育家乌申斯基认为坏习惯是人一生需要偿还的债务，需要不断地无偿付出以偿还这种债务的利息，直到一无所有而破产。坏习惯会折磨人，使得人们丧失所有的创造力。相反，好习惯则是不断增值的资本，可以使人们终身受益。

（三）教师要注重孩子内在学习动机的激发

四年级是孩子形成内在学习动机的开端，如果引导得当可以让孩子树立远大的理想和正确的学习目标。在小学低年级援用的外在激励模式的惯性作用下，孩子很难树立正确的学习态度，缺乏学习动力。此外，基于这种外在的学习激励模式，孩子往往将学习失败的原因片面地归结为自身以外的因素或者自身难以改变的性格或个性因素，也就是说，孩子总是将自己的失败归结为一定的“借口”，被人们称为“借口症”。尤其是一些学业成绩不好的孩子常常抱怨老师不好、同桌不好或者父母管教不好，或者埋怨自己脑子笨(而脑子笨的原因主要在于父母比较笨)、埋怨自己脾气急躁(而脾气急躁的原因在于爸爸或妈妈脾气不好)，并不认为学业差是可以通过自身的努力改变的。“借口症”实质上是不正确的学习态度，是过于依靠外在学习动机的重要表现，时间久了，找借口就会成为一种潜意识，一旦遇到失败或者挫折，就会为自己找借口。错过关键时期的引导，孩子不能形成内在的学习动机，而缺乏内在的学习动机将注定造成学业失败。

【做中学】根据以上的几点对策，你是否有更好的策略或建议来帮助学生度过这个关键时期？

表 2-3　度过关键时期的策略与具体做法

策略	具体做法
注重培养孩子的学习能力	
注重孩子良好习惯的养成	
注重孩子内在学习动机的激发	
……	……

四、百宝箱

（一）思考与绘画

有人说教育就是牵着一群“蜗牛”去散步，教育需要等待。三四年级的学生处于成长的关键期，有的成长迅速，有的则慢一些，作为教师的我们应该如何对待那些成长得慢的孩子？请你在下页方框内绘出你和“小蜗牛”相处的姿态。

牵一只蜗牛去散步

张文亮

上帝给我一个任务，
叫我牵着一只蜗牛去散步。
我不能走太快，蜗牛已经尽力爬，
每次总是那么一点点？
我催它，我唬它，我责备它，
蜗牛用抱歉的眼光看着我，
仿佛说：“人家已经尽力了嘛！”
我拉它，我扯它，甚至想踢它，
蜗牛受了伤，它流着汗，喘着气，往前爬……
真奇怪，为什么上帝叫我牵一只蜗牛去散步？
“上帝啊！为什么？”
天上一片安静。
“唉！也许上帝抓蜗牛去了！”
好吧！放手了！
反正上帝不管了，我还管什么？
让蜗牛往前爬，我在后边生闷气。
咦？我闻到花香，
原来这边还有个花园；
我感到微风，
原来夜里的微风这么温柔。

慢着！我听到鸟叫，我听到虫鸣，
我看到满天的星斗多亮丽！
咦？我以前怎么没有这般细腻的体会？
我忽然想起来了，莫非我错了?!
是上帝叫一只蜗牛牵我去散步。

（二）学生情绪识别自我测验[①]

下面是学生发出的一些典型语言信息。单独阅读每条信息，试着仔细感受学生的情绪，然后在右边一栏里写下学生的情绪或你听到的情绪（注意摒弃其中的“内容”，只写下情绪）。如果一些内容包含几种情绪，你只需要写下一两种最主要的情绪。

表 2-4　典型语言信息表

学生说	学生的情绪
例子：我不知道什么地方弄错了。我搞不清楚。或许我应该停止尝试。	遇到困难、气馁、试图放弃
1. 哦，还有 10 天学校就放假了。	
2. 看，老师，我用我的新工具做了一个飞机模型。	
3. 中考的时候，老师会一直在考场外吗？	
4. 我觉得一点意思也没有，我想不出什么事可做。	
5. 我永远也不可能像李明那么棒。我努力又努力，但是他仍然比我好。	

① ［美］托马斯·戈登：《T. E. T. 教师效能训练》，295～297 页，北京，中国青年出版社，2015。

续表

学生说	学生的情绪
6. 老师布置了那么多的作业，我永远也做不完，我该怎么办？	
7. 所有的人都在做作业，没有人跟我玩。	
8. 老师表扬了李明，其实我这次表现比他好。	
9. 我不应该对李明那么不友好，我感觉对不起班干部这个职位。	
10. 我就想剪这种发型。这是我的头发，我没权自己决定吗？	
11. 您感觉我这篇作文写得不够好吗？是不是啊？	
12. 他为什么放学后让我留下来？又不是只有我一个人说话的。	
13. 我自己能行，您不用帮助我，我自己可以做好。	
14. 物理太难了，我太笨了，我学不会的。	
15. 走开，别烦我，我不想跟你说话，也不想跟任何人说话。你根本不关心我遇到了什么事。	
16. 有一段时间我做得不错，但是现在我比以前更糟了。我很努力，但是似乎没有效果。这样下去有什么用？	
17. 我当然想去，但是我不敢给他打电话，如果他嘲笑我怎么办？	
18. 我再也不想跟张华一起玩了，他很坏的。	
19. 我真高兴我是您的学生，而不是其他班老师的学生。	
20. 我想知道该做什么，但是这样做有可能是不对的。我似乎总是做错事。老师，您认为我该怎么办，是读技校还是普高？	

请根据评分标准给你的答案打分，当你认为答案与参考答案相符的时候，给自己打 4 分，部分相符或漏掉一个打 2 分，如果都漏掉打 0 分。

参考答案：

1. 高兴、欣慰；2. 骄傲、愉快；3. 害怕、恐惧；4. 无聊、遇到困难；5. 感到自己能力不足、气馁；6. 感到工作太难、感到失败；7. 无人理睬、孤独；8. 感到教师不公、感到自己能力不足；9. 感到内疚、对自己的行为感到后悔；10. 痛苦于教师的干预；11. 感到有些拿不准、不确定；12. 气愤、感到不公；13. 感到自己有能力、不希望别人帮助；14. 沮丧、感到自己能力不足；15. 感到受伤害、感到气愤、感到缺乏爱；16. 气馁、想要逃避；17. 想要走掉、害怕；18. 气愤；19. 感激、高兴、对教师的欣赏；20. 不确定、不自信。

你的总分：______

你识别学生情绪的等级：61～80 分：识别情绪的高手；41～60 分：超出平均水平；21～40 分：低于平均水平；0～20 分：非常不善于识别情绪。

五、拓展阅读

做一片美的叶子

金　波

远远望去，那棵大树很美。

树像一朵绿色的云，从大地上升起。

我向大树走去。

走近树的时候，我发现，枝头的每一片叶子都很美。每一片叶子形态各异——你找不到两片相同的叶子。

无数片不同的叶子做着相同的工作，把阳光变成生命的乳汁奉献给大树。

绿叶为大树而生。春天的时候，叶子嫩绿；夏天的时候，叶子肥美；秋叶变黄；冬日飘零——回归大树地下的根。

大树把无数的叶子结为一个整体。

无数的叶子在树上找到了自己的位置。

我们每个人都像叶子，为生活的大树输送着营养，让它茁壮、葱翠。大树站在太阳和土地之间。

每一棵大树都很美，每一片叶子都很美。

为了我们的大树，做一片美的叶子吧！

第二节　特别的情感表达，激发并呵护学习兴趣

一、情境再现：呵护学生的学习兴趣

（一）以情育情

【案例】　　他在课上涂鸦

班里有一个酷爱画画的男孩叫小典，无论上什么课都很少抬头听讲，总是拿出一张纸，在上面偷偷地涂涂画画。不得不承认，他画得很好，很受同学们的喜爱，帅气的他俨然成为不少同学崇拜的偶像。最近可能受到游戏“植

物大战僵尸”的影响，他迷恋上了画僵尸，“铁桶僵尸”“撑杆跳僵尸”等画得惟妙惟肖。但作为教师的我，看到他总是利用课上的时间在那儿涂鸦，不禁心里暗暗着急。这种上课习惯等上了初中、高中可怎么办？找他谈话、寻求家长帮助等全然无效，他仍然沉溺在画的世界中。

堵不如疏。是否能在他喜欢画画这件事上做点文章呢？我决定尝试一番。我把他叫到办公室，交给他一个崭新的本子，对他说：“从今天起，老师允许你在课上画画。”听到这句话，他的眼睛明显亮了起来。我接着说：“但是你不能只是简单地画，我有一个要求，只要你能做到，你就可以光明正大地在课堂上画，而不必偷偷摸摸了，怎么样？”“什么要求？”“你要把课堂上所学的知识融入你的画中，这可不是一件简单的事，想好了再答复我。”“没问题，我能做到！”从这以后，我信守承诺，允许他在课上做他最喜爱的事。他呢，俨然成了一个小忙人，时不时地抬头看看黑板，然后又低头“奋笔疾书”。坚持了很长时间以后，他的注意力有了很大的提高，学习成绩有了明显的提升。

渐渐地，可能他习惯了这种方式，感到厌烦了，积极性明显没有以前那么高了，又回到他原来那种“天马行空、随心所欲”的绘画中去了。看来，我得寻找他的新兴奋点了，继续把他的积极性调动起来：让他每节课后把自己的画给同学们晒一晒；让他将每节课的知识点编成一个小故事画出来，讲一讲……

【案例反思】日常教育教学实践中，你是否遇到过这样的案例？怎样处理才既能呵护兴趣爱好又能带动学习？

（二）让孩子相信“我能行”

【案例】　“学渣”的痛，你永远不懂

晨晨是班里被同学戏称为“学渣”的一个小男生，他很瘦弱，说话结结巴巴的，上课似乎也听得很认真，但做作业是错误百出，作业本经常不能按时上交，成绩在班里属于垫底一类的。他的家庭很普通，爸爸妈妈文化程度一般，有一次，他爸爸半开玩笑地在电话里跟我说：“王老师，当年我就是一个‘学渣’，所以，我儿子肯定有我的基因。对不住您啊，孩子说，您经常给他辅导，但是，他太笨了！”语气中夹杂着失落和自卑。

晨晨的情况挺典型的，就是比较努力，但是接受新知识的能力和记忆力都相对较弱。为了鼓励孩子，我经常会单独辅导他，陪他放学后写作业，找同学帮助他，提前把单元卷子上的题目给他点拨一下，别让他的成绩太“显眼”。但是即便如此，晨晨仍然闷闷不乐。

有一次，他哭了，跟我说：“王老师，我太笨了，您今后不要老管我了，我还是这么差，您的时间都耽误在我身上了。”这话听得我很是心酸，他能理解他的痛吗？我是否应该继续帮助他、鼓励他？答案是肯定的。

“学渣”又怎样呢？他们也应该享有快乐的童年生活，不应该活在同龄人鄙夷的目光中。我郑重地对晨晨承诺：“晨晨，你相信老师吗？我一定会一直帮你到毕业的。你也要相信自己，不能放弃，努力过就不遗憾！如果你放弃了，那么失去的不是成绩，失去的是自信心啊！”

晨晨含着泪水问我：“老师，我会努力的，但是，我恨自己，就是听不懂、记不住，尤其是数学。”我忍住心中的痛，微笑着说：“你知道吗，我的数学可好了，我可以帮你啊！”他一脸崇拜。

作为语文老师，我的心里久久不能平静，我开始尝试着帮他辅导数学，带着他阅读一些有趣的书籍。我发现，晨晨的情绪有了好转，有一天，他在做值日，跟我说：“王老师，数学老师表扬我了！”我心里那个美啊，因为我俩保守着这个秘密。数学老师居然找我说，晨晨终于开窍了！孩子，只要你不放弃自己，老师就永远陪在你左右。

【案例反思】让孩子相信自己能行，且教师不放弃每个孩子，很重要。如何不让每一个孩子掉队？

（三）让孩子获得积极的情感体验

【案例】 **老师，我没听懂**

一天的数学课上，我和学生们正在就《分饼》一课展开热烈的讨论。分数的知识是学生在小学阶段理解起来最困难的知识之一。为了让学生更好地理解本课的知识要点，我自认为做了很充足的准备，从每人分到几分之几和每人分到几张饼两个角度让学生理解、区分分数，既可以表示关系，也可以表示具体的大小。小组合作、个人辩论等方式一一用之，个人感觉学生对分数的理解有了进一步提升。正在我沉溺在一种“小满足”的喜悦中时，一个瘦小的身影高高地举起了他那瘦弱的手臂，这是小非，脆生生的声音在教室内响起：

“老师，我没听懂。”“你哪儿没听懂?”“我哪儿都没听懂!”(教室内响起了学生们的哄笑声)我一阵头大，迟疑了片刻。“你是不是不能区分分数什么时候表示关系，什么时候表示数量?”“对，您刚才讲的将5张饼平均分成4份，每人得到5张饼的$\frac{1}{4}$，每人得到$\frac{5}{4}$张饼，我就没有听懂。”“一共分成了4份，每人得到其中的一份，每人得到的不就是$\frac{1}{4}$吗？(我又指着屏幕上的课件)每人得到5个$\frac{1}{4}$张，不就是$\frac{5}{4}$张吗？懂了吗?”“没有。”(这时教室内学生的哄笑声更响了，窃窃私语声不绝于耳)

小非的眼圈红了，小脸涨得通红，都快要哭出来了。我把他搂在怀里，对学生们说：“我很佩服小非同学的勇气，不是每个人在面对问题时都能勇敢地提出自己的困惑。在这一点上，小非同学做得比大多数人都要好，甚至比老师都要好。”

这时小非的泪水已经流了出来，全班一片寂静。我话锋一转：“在一个人遇到困难时，他肯定特别期待有人能够帮助他，这时你是横眉冷对、袖手旁观呢？还是热情地伸出你的双手拉他一把呢？谁能帮助小非同学解决他的困惑?”稚嫩的小手争先恐后地举了起来。

把12个圆片平均分成4份，每份占(　　)，每份是(　　)个。

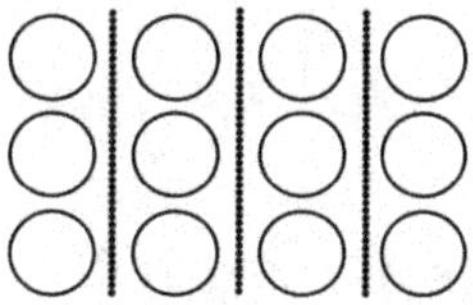

把8个圆片平均分成4份，每份占(　　)，每份是(　　)个。

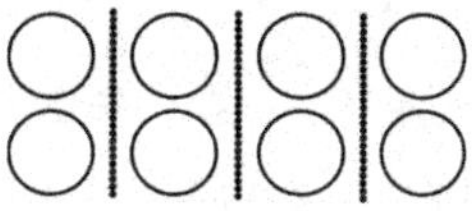

把4个圆片平均分成4份，每份占(　　)，每份是(　　)个。

为什么分的圆片个数不一样，但每份都占$\frac{1}{4}$呢？

为什么都是$\frac{1}{4}$，而每份的个数不一样呢？

……

在我的引导和同学们的帮助下，小非终于解决了自己的困惑。当小非“噢，我明白了”的声音响起的时候，教室内响起了热烈的掌声。小非的脸上也布满了阳光般的笑容。

【案例反思】课堂教学中，教师应该如何表达，才能不伤害孩子学习的兴趣与自信心？

二、主题工作坊：如何通过适切的表达提高学生的学习兴趣及自信

在10岁左右，也就是三四年级这个年龄，孩子的大脑会进入一个迅速发展期，他们的自我意识开始形成。在这个时候，如果他们总能取得很好的成绩，能够经常体会到好成绩带来的乐趣，那么，他们对学习的信心就能建立起来，就会喜欢上学习。另外，在10岁左右，每个孩子多多少少都会有一些不好的学习习惯，如不爱思考、粗心等，但当孩子对自己的学习充满信心、充满兴趣后，他们就会积极地配合家长和教师去改掉这些坏习惯，进而培养一些有助于提高学习成绩的好习惯。但是，如果在自我意识很敏感的三四年级，孩子的成绩很差，或者成绩平平，那他们就不会体会到好成绩所带来的成就感，进而就不会对学习产生信心，当然，学习的积极性就更不用说了。学习没有动力、没有积极性，在以后的学习过程中，孩子只能越学越吃力、越学越没有信心。

由此可见，如何让孩子在三四年级这个关键时期获得一种学习的积极体验，是十分关键的。只有在这个时期取得一个好成绩，获得一种积极的学习体验，他们才会产生学习的兴趣，才能产生学习的自信心，才能爱上学习，进而在以后的学习道路上一直都保持优异。那么，在三四年级这个关键的时候，教师应该如何帮助孩子增强学习的自信心呢？如何激发孩子的学习兴趣呢？

（一）“积极的暗示”与激励

世界上没有两片相同的叶子，当然也没有两个相同的学生。学生个体之间是存在差异的，激励的方法也应该有所差别，一定要根据学生的特点，进

行有针对性的转化与促进，不能千篇一律地赞美。教师激励学生应该本着以下三个原则：一是借助爱的力量。出于真诚的师爱，发自内心，可以感动学生，成为学生进步的动力。教师的爱需要建立在尊重与宽容之上，特别是当学生犯错误时。当学生失意时，一个微笑、一句激励，也许足以让他振作。当然，爱需要技巧，要注意方式，同时需要提醒，让学生感受爱，激发内在动力。二是借助目标的力量。具体的目标能够唤醒学生内心深处一种更为强烈的反应，产生巨大的动力。因此，教师在激励学生时，要帮助学生订好目标，根据实际情况，描绘出实现的愿景，并且将目标化大为小，越具体越好。三是借助榜样的力量。以人为镜，可以知得失。榜样的力量是无穷的，它的特点是直接、直观，可直接借鉴，在言传身教、潜移默化中起到积极的激励作用。

【小策略】　　　培养孩子的自信心的八条策略

1. 针对孩子的进步和良好行为及时给予孩子鼓励和赞扬，教师肯定性的评价是孩子树立自信的催化剂；

2. 认真倾听孩子的想法和观点，并给予肯定；

3. 让孩子参与解决一些班级问题的重要决策，树立孩子对公共事务的责任心，从而促使孩子形成积极的自我认知和自我评价；

4. 让孩子想办法解决自己面临的问题，一旦孩子感受到自己的智慧和潜力，信心就会油然而生；

5. 鼓励孩子多交往，积极参加各种集体活动或社会实践活动并做出自己的贡献，展示自己的特长或者优点，得到肯定性的社会评价；

6. 帮助孩子克服困难或者改变不良习惯，取得学业成功，取得成功是培养自信心的重要动力和基础；

7. 教师对孩子的经常积极暗示有助于树立孩子的自信；

8. 对孩子的要求和鼓励主要基于“不求超过别人，但求超过自己”的原则。

（二）有的放矢地赏识

赏识教育并不是单纯地表扬加鼓励，而是以强化学生的行为为主，赏识学生的行为过程，以激发学生的兴趣和动机。赏识，其实是对学生设身处地地理解。罗杰斯将理解分为两种：“评价性理解”和“移情性理解”。前者表现为“我理解你的错误之处”这样的情形，而后者则是从对方的立场去理解其思想、感情及对客观世界的态度，不作评价，只表示同情、理解和尊重，并使对方感受到这种理解。不难发现，比起只包含认知因素的“评价性理解”，后者有着更为丰富的情感成分，对学生学习起着“情感反射”式的推动作用，它消除了师生间的心理距离，使学生渐渐有了对自己的信心，从而愉快地积极地学习，因而是更为有效的。有的放矢地赏识，一要找出学生可赏识、可激励之处，用多种方式进行赏识激励；二要对学生的缺点和失误尽可能地给予宽容和谅解，可以通过适当提醒，增强学生的心理体验，纠正学生的不良行为。每个学生的性格、脾气、秉性不尽相同，赏识一定要具有针对性，在平凡与平庸中搜寻学生的闪光点。根据不同对象、不同特点和不同的场合，我们需要选择不同的赏识教育方法。有的学生喜欢当众表扬，有的学生喜欢私下个别表扬，有的学生喜欢“小题大做”的表扬，需要具体分析。赏识教育是生命的教育，是爱的教育，是充满人情味、富有生命力的教育。人性本质就渴望得到赏识、尊重、理解和爱，对于学生而言更是如此。

（三）**帮助孩子拥有成功的喜悦**

美国心理学家马斯洛曾提出需要层次论，其最高层次需要就是自我实现的需要即成功的需要。成功的需要对人的行为具有极大的激励作用。每个人都渴望成功，学生自然也是。教师应该创设各种情境，让学生体验到成功的喜悦。苏霍姆林斯基认为，学习成绩的取得，乃是学生产生克服困难的动力和求知兴趣的源泉。当学生体验到成功、体验到快乐，这种喜悦直接影响其学习的动力和情感发展。因此，教师和家长需要努力为孩子们创设成功的机会，让他们积极地争取成功、体验成功。教师在教学过程中要特别注意采用情境熏陶法，在班上建立一种民主和谐的学习氛围，以此来调动学生的情绪。同时，还要用欣赏的眼光去对待每一个学生，尤其是学困生。教师要随身带好“放大镜”，紧紧抓住稍纵即逝的“闪光点”，并且用“放大镜”来寻找学生的“闪光点”，让他们体验成功的喜悦，以轻松愉快的心境来对待学习中遇到的一切困难。教师必须重视和加强对这些学生的个别辅导，帮助他们改善和提高学习适应性。在进行个别辅导时，教师首先要对学生的学习适应性及其他情况作出正确的诊断和分析，然后针对学生的特点，制订和实施个性化的学习辅导计划，并进行追踪巩固，这样才能较好地帮助学生更好地适应学习，进一步提高学习效果。

教师要突出新旧知识之间的联系与区别，促进知识的正迁移发展，防止负迁移的干扰。学生原有的知识可以促进新知识的掌握，这是知识的正迁移；学生原有的知识也可以干扰新知识的学习，这是知识的负迁移。在教学中要注意利用迁移规律，促进学生知识的正迁移发展，防止负迁移的干扰。一是温故知新，将以前的知识有计划地安排到各节课，作为课前练习，使旧知识对学生学习起着正迁移作用。二是运用比较，当新旧知识技能有几分相似时，学生在接受新知识时往往会受旧经验的干扰，这是负迁移作用，是学生学习上的难点，这时运用比较方法，帮助学生突破难点，消除负迁移作用。

【小活动】　　　积极的情感环境的创造

1. 我将确保在____分钟之内，每个成员都有说话的机会。如何做？
2. 我将在____分钟之内叫到每个学生的名字。如何做？
3. 我将在____分钟之内处理一些潜在的焦虑。如何做？
4. 我将在____分钟之内展现我的同情心。怎么做？
5. 我将在____分钟之内展示我的个人魅力。怎么做？

（四）建立积极的评价体系

每个人都对别人的斥责生来就有排斥的本性，小学生同样如此。尽管大多数孩子接受成人的权威性，但过多的责备仍然会引起他们的反感。这种反感会产生反面的力量，削弱管束的效果。既然如此，还不如用正面鼓励的方法，那样效果会更好一些。加德纳的多元智能理论认为，在人的心智架构中有多种智能是相互关联而又相互独立的，各种智能的领域不同，而每个学生拥有智能的侧重也不同，这就要求教师对学生的评价应该更加多元，以让每个学生都有可持续发展的潜力，而不是以成绩作为唯一的标准和尺度。

首先，评价要关注学生的发展，做到知识与技能、过程与方法、情感态度与价值观三方面的内在统一。教学绝不是教师给学生灌输知识、技能，而是学生通过驱动自己学习的动力机制积极主动地构建知识，教师应该在课堂教学中成为引导者、促进者和帮助者。其次，评价要体现学生的主观能动性，让学生参与到评价中来，以体现评价的民主性，激发学生的积极性。再次，积极的评价要做到传情达意，关爱学生，真正促进学生发展。最后，教师要善于自我评价，以学定教，更好地为学生服务。

【阅读资料】　　　　十大美语、十条禁语

2015年教师节前夕，湖北省教育厅公布教师“十大美语、十条禁语”，引导广大教师多讲“美语”、不说“禁语”，自觉规范职业行为。“美语”是指教师对学生健康成长能够产生积极引导、激励作用的语言，“禁语”是指教师对学生成长产生消极、负面影响而应被禁止使用的话语。

十条禁语是：“你不学可以，但不要影响其他人！”“就你事多，快点，我很忙！”“你父母是干啥的？”“没见过像你这样的学生！”“我真的受不了你了！”“我就知道，你改不了！”“你怎么越来越差了？”“不想听的可以睡觉！”“你要不想学就回去！”“我怎么一点都感觉不到你们年轻的朝气！”

十大美语是：“错了别怕，咱们再来一次！”“你是最棒的女孩！”“孩子，世界上总有一扇门为你而开！”“我相信你，你能做到的！”“过去不代表将来，相信自己一定可以！”“学生是你的孩子，也是我的孩子。”“教室是允许出错的地方。”“没有失败，只有暂时停止的成功。”“学习不怕起步晚，成才不怕起点低。”“宁可让你现在怨我一阵子，也不愿你今后恨我一辈子！”

三、认知堂：如何唤醒学生的主体情感

情感在教育中起什么作用？朱小蔓教授认为：“情感，由于它的发动，所引发的全身性神经系统工作及所携带的荷尔蒙能量，使其成为推动人定向行动的内在动力。有了以情感为基础的内在定向和动力系统，便能从个体内部监控、指挥人的行为。”①一个人要想真正持续、自主地发展，就需要以情感作为活动支撑。学生的主体情感是学生的活动指导；由于学生是发展的个体，他们的主体情感对外部环境、氛围的反应极其敏感，并且随外部环境、氛围的改变而改变。唤醒学生的主体情感，不仅是用丰富的教学题材调动学生学习的积极性，更重要的是用打动学生心灵的教学方式使学生成为学习的主人，让他们灵动起来、发展起来，让他们的生命价值得以实现。

我们经常有这样的经历：在学习上，对学生耳提面命地殷切教导，希望

---

① 朱小蔓：《情感教育论纲》，7页，北京，人民出版社，2007。

他们能有所领悟；在生活上，对学生苦口婆心地做思想工作，希望他们能有所觉醒。但是，得到的结果却往往不尽如人意，我们教学的积极性被大大挫伤，认为教育无法取得良好的效果。是什么造成这样的结果？也许我们耳提面命、苦口婆心根本就没有触动学生的心灵。每个学生都有成为好学生的愿望，他们的心灵深处都潜藏着奋发向上的希望。对于学生，教师要做的是激发他们的主体意识，唤醒他们的主体情感，让他们用内部的力量来获得真正的成长。教师需要做的就是激发这种动力，让学生“自奋其力，自致其知”，达到最佳的自我教育效果。

（一）帮助学生实现主体发展

教育经验和相关研究表明，在学生缺乏学习动力、没有明确的学习目的和兴趣的情况下，可以利用学生爱好游戏或其他科技、文体活动的动机和兴趣，使这些已有的动机和兴趣与学习发生联系，把这些活动的动机和兴趣转移到学习上，从而使学生产生对学习的需要。在这一过程中，教师的任务是帮助学生实现主体发展，需要做到以下三点：一是教师要确立学生的主体意识，充分发挥学生的主体性，尊重学生的生活经验和发展需要、兴趣和爱好。二是教师要在相信学生、尊重学生的前提下，立足于创设人人主动参与、自主管理、文化熏陶的教育环境，为学生多层次、多渠道、多方位发挥自主性提供自主管理平台，营造精神文化氛围。生命的活动源于人的自主性、能动性和创造性。三是教师要具有以“创新意识”为核心的能力结构，帮助学生通过自主学习、小组讨论、交流展示等形式，实现高效学习。

教育就是尊重、责任和爱心。教室应该是个温润的集体环境，教师应该为孩子创设让他们有安全感的活动，而不是在紧张压抑的氛围中挫伤某个学生幼小的心灵。心理学研究表明，个体的归属感如果长期得不到满足，会造成归属焦虑，导致个体与集体疏远。如果孩子得到了集体的认同和接纳，可以增强他们的自信心。苏联教育家苏霍姆林斯基曾经说过：“教育的全部奥秘就在于如何爱护儿童”。所以，作为学科教师，在教授知识的同时，不能让某些学生有低人一等的感觉，在活动的设计中一定要考虑到班级里是否存在有特殊需要的学生，对这类学生又该应用怎样的方法来组织教学，在充分尊重与保护的前提下，让他们也有在课堂上绽放的机会。阳光下，苗圃中一片生机。不奢求朵朵花儿都娇艳无比，只期望每一朵身上都洒满阳光；不奢求片片叶儿都青翠欲滴，只期望每一片都能拥有自己美丽的天空；不奢求棵棵苗儿都长成栋梁，只期望每一棵都能茁壮成长。

（二）实施情感人文教育

人文教育是指对受教育者所进行的旨在促进其人性境界提升、理想人格塑造及个人与社会价值实现的教育，其实质是人性教育，其核心是涵养人文精神。教育本来就是人的教育，但如今却不知不觉放弃了育人的责任。人的教育被忽略了，知识的教育、专业的教育被强化了。教育的工作，尤其是中小学的教育工作，应以“情”为纽带，用“心”去教育才是最好的方式。应该给足学生自主发展的空间，让每个学生的积极性和创造力得到最大程度的发挥。教师应该以“情”为纽带，帮助学生运用他们独特的学习方式，激发他们的潜能与创新意识，以此来提高他们的学习兴趣。教师在进行人文教育时，应充分挖掘教育素材中的人文因素，在教学目标中凸显人文精神。在传授知识、培养能力时，关注学生人文精神的培养。这要求教师尊重学生，把学生当成学习的主体、活生生的个体。尊重学生的思考，尊重学生的劳动成果，尊重学生的权益，相信学生会有所成就。

罗杰斯的有意义学习理论认为，学习具有个体参与的性质，即整个人(包括情感和认知两个方面)都投入学习活动；学习是自发的，即便在推动力或刺激来自外界时，要求发现、获得、掌握和领会的感觉仍然是来自内部的；全面发展，即它会使学生的行为、态度、人格等获得全面发展；学习是由学生自我评价的，因为学生最清楚这种学习是否满足自己的需要、是否有助于了解他想要知道的东西、是否明了自己原来不甚清楚的某些方面。① 教师唤醒学生的主体情感与意识，给予学生充分的信任，信任学生的学习潜能，并愿意让学生自由地学习，就会在与学生的交往中使学生形成适合自己风格的、促进有意义学习的最佳策略。

---

① 陈琦、刘儒德：《当代教育心理学》，206页，北京，北京师范大学出版社，2008。

四、做中学

（一）学会赏识

赏识教育把操作原则和方法概括为“六大原则”和“十二个学会”。“六大原则”是尊重、信任、理解、包容、激励、提醒。每个原则下面提出“两个学会”。

原则一：尊重——学会倾听、学会请教

赏识教育就是在人格上尊重孩子，首先体现在认真倾听孩子说话，倾听他们讲述自己的想法、述说自己的心里话，从而知道他们的心情、遇到的问题和困难，这样不仅了解了孩子，而且锻炼了孩子的表达能力。

原则二：信任——学会崇拜、学会自豪

赏识教育认为孩子既脆弱又蕴藏着巨大的潜力，前者容易让孩子产生自卑，后者需要良好的环境才能激发出来，因此，要给孩子信任的眼光、信任的手势、信任的语言和信任的力量。

原则三：理解——学会感激、学会陪伴

理解就是换位思考，在信任和尊重的基础上，想孩子之所想，急孩子之所急。站在孩子的角度上去想问题，有许多问题，本来想不通的，换位之后就会迎刃而解，这是理解的作用。沟通是走进孩子心灵的唯一途径，是理解孩子的试金石。经常和孩子交谈、沟通思想，能够加深亲子关系。

原则四：包容——学会反思、学会等待

包容不等于放任，首先要营造包容和谐的环境，满足孩子的精神需要，其次是满足孩子的物质需要。我们说世界上没有两片完全相同的树叶，每个孩子都有自己不同的性格，所以不要拿自己的孩子和别人的孩子比，创造适合自己孩子的环境，提供丰富多彩的活动材料，使孩子在游戏中找到快乐。

原则五：激励——学会发掘、学会分享

激励分为正激励和负激励。赏识教育以正激励为主，告诉孩子怎样去做，指明孩子的发展方向。而负激励只是禁止孩子做什么，孩子还是不知道应该怎么做。

原则六：提醒——学会批评、学会分担

当孩子犯错误时，给予适当的提醒是必要的。批评孩子要在不伤害孩子自尊心的前提下进行，例如：故事性批评，通过讲一个故事，让孩子领悟到其中的对错，克服身上的缺点；幽默性批评，在说笑话的过程中达到提醒孩子的目的。

信任、尊重、理解好比是每个孩子精神生活所必需的阳光、空气和水，是孩子健康成长的必要条件。激励、包容、提醒能指明孩子的发展方向。要注意发现孩子的闪光点，使孩子学会自豪，学会请教，学会分享，学会感激。

（二）理解期待

1960 年，美国心理学家、哈佛大学的罗森塔尔博士在加州一所学校做了一个著名的实验。新学期，校长对两位教师说："根据过去三四年来的教学表现，你们是本校最好的教师。为了奖励你们，今年学校特地挑选了一些最聪明的学生给你们教。记住，这些学生的智商比同龄的孩子都要高。"校长再三叮咛：要像平常一样教他们，不要让孩子或家长知道他们是被特意挑选出来的。这两位教师非常高兴，更加努力教学了。我们来看一下结果：一年之后，这两个班级的学生成绩是全校最优秀的，甚至比其他班学生的分数高出很多。知道结果后，校长不好意思地告诉这两位教师真相：他们所教的这些学生智商并不比别的学生高。这两位教师哪里会料到事情是这样的，十分庆幸是自己教得好了。随后，校长又告诉他们另一个真相：他们两个也不是本校最好的教师，而是在教师中随机抽出来的。

罗森塔尔还做过另一个著名的实验：考察某学校，随意从每班抽 3 名学生共 18 人写在一张表格上，交给校长，极为认真地说："这 18 名学生经过科学测定全都是智商型人才。"时隔半年，他又来到该校，发现这 18 名学生的确超过其他学生，进步很大。再后来，这 18 人全都在不同的岗位上干出了非凡的成绩。

以上两个例子均是心理学上所说的皮格马利翁效应的实验，也就是期望心理中的共鸣现象：期望和赞美能产生奇迹。对这一效应做出经典证明并使它得到广泛运用的是罗森塔尔和他的助手们，因此皮格马利翁效应又称"罗森塔尔效应"。经实践证明，皮格马利翁效应在学校教育中表现得非常明显。受教师喜爱或关注的学生，一段时间内学习成绩或其他方面都有很大进步，而受教师漠视甚至是歧视的学生就有可能从此一蹶不振。一些优秀的教师也在不知不觉中运用期待效应来帮助后进学生。

皮格马利翁效应告诉我们，对一个人传递积极的期望，就会使他进步得更快、发展得更好。反之，向一个人传递消极的期望，则会使他自暴自弃、放弃努力。赏识、赞美、信任和期待具有一种能量，它能改变人的行为，当一个人获得另一个人的信任、赞美和赏识时，他便感觉获得了社会支持，从而增强了自我价值，变得自信、自尊，获得一种积极向上的动力，并尽力达到对方的期待，以避免对方失望，从而维持这种社会支持的连续性，可谓“欣赏引导成功，抱怨导致失败”，也就是皮格马利翁效应的运用。

五、拓展阅读

让孩子变成爱学习的天使

雷夫·艾斯奎斯①

某日，雷夫在教室里收取学生的家庭作业，作业的内容是以“印第安疯马首长”为题的简单填字游戏。当天，是交作业的截止日期，但丽莎找不到她的作业。当时刚开学，丽莎迫切想有好表现。她急得像热锅上的蚂蚁似的，翻着书桌里的几个资料夹。她知道雷夫就站在她身后，所以拼命地在找那一份不见了的作业。

雷夫：“丽莎？”

丽莎：“雷夫，等我一会儿。我带了作业，我做过了。真的啊！”

雷夫（轻声地）：“丽莎？”

---

① 雷夫·艾斯奎斯：美国“总统国家艺术奖”、英国女王 M.B.E 勋章、1992 年“全美最佳教师奖”、美国著名亲子杂志《父母》“成长奖”、美国媒体天后欧普拉“善待生命奖”获得者，被《纽约时报》尊称为“天才与圣徒”，《每日新闻》则誉他为“当代的梭罗”。25 年来，他一直在霍伯特小学担任五年级的教师，该校是美国第二大小学，位于洛杉矶，高达九成的学生家庭贫困，且多出自非英语语系的移民家庭。可是，在这样恶劣的环境下，雷夫老师班里的学生的成绩高居全美标准化测试（AST）前百分之五；他独创的阅读、写作、金钱管理、数学等基础课程深受欢迎。孩子们如着迷般每天提前 2 小时到校，放学后数小时内仍不愿离去。在 56 号教室里，孩子们收获受用一生的技巧、高尚的人格和坚韧的信念，长大后纷纷顺利进入哈佛、普林斯顿、斯坦福等美国的常春藤名校就读，一时间成为美国教育界的佳话。

丽莎："真的，雷夫。我真的做过家庭作业。"(还在拼命找)

雷夫(已经在哼唱了)："丽——莎?"

丽莎(从徒劳无功的翻找中停了下来，抬头往上看)："什么?"

雷夫："我相信你。"

丽莎(不发一语，眼神中带着疑惑)：……

雷夫："我相信你呀!"

丽莎："真的?"

雷夫(轻声地，带着微笑)："当然喽，丽莎。我相信你已经把作业做好了。可是你知道吗?"

丽沙："什么?"

雷夫："眼前有个问题哦——"

丽莎(怯生生地，停顿许久)："我乱放东西。"

雷夫："没错，你得更有条理一点。现在，何不挑两个你信得过的好朋友?"

丽莎："露西和乔伊丝?"

雷夫："很好。今天吃过午餐以后，请她们帮你整理资料夹，好吗?"

丽莎(松了一口气)："好……"

中国教师对同样问题的处理方式：

一日清晨，我例行检查前一天的语文家庭作业完成情况，组长例行汇报："×同学作业没带，说做了，但是忘了。这已经是第三次。"我在班里说过，再一再二不再三，超过三次(包括三次)不按时交作业者严惩。

我怒视着他："解释一下，怎么回事!"

"老师，我真的做了，忘带了。"

鉴于前面曾经在他的书包里找到过没做的空白作业本，此时，我已完全不相信他了。"那好，去我办公室打电话，让你爸爸或者妈妈把作业本送来!"

而他似乎在跟我作对："不行，他们都去上班了，很远的。"

那么多双眼睛都在看着我怎么处置他。无奈之下，我冲到×同学的座位，将他的书包翻个底朝天，似乎非要找到他没写作业的证据，才足以说明自己的怀疑是对的。可悲剧的是——没找到。

“那这样吧，你打个电话给爸妈，让他们为你证明一下，老师就相信你。”我终于找到了下台的台阶。

“我们上课吧。”可我上得不投入，其他同学也没心思听——这是明摆着的。

五分钟后，×同学回来了，带着“噩耗”：“电话没人接……”

我彻底绝望了，完全爆发了：“下课不许出教室，补作业！补不齐的话最后一节副科别上了，继续补！”

事情就这样结束了，至于×同学那天到底是做了没带，还是没做，我到现在也不清楚，但那也已经不重要了……

对比之后，我们有怎样的感悟呢？

第三节　调适情感“偏好”，看到多种可能

一、情境再现：当我们面对这些儿童时

（一）面对“无药可救”的儿童

【案例】　　真是无药可救了吗

我曾经教过的班上，有一名男生叫LZX，挺聪明，但作业不按时交，学习成绩一直上不来，且较散漫，违纪现象较多，平时上课爱做小动作，爱说话，不仅教师对他有看法，连家长也绝望地声称“这孩子真是无药可救了”。因为是独生子，爷爷奶奶把他带大，从小太宠爱他，使他在家里肆无忌惮，在学校也不知收敛，对其他的小朋友总是很无礼，个性比较自大封闭，经常跟周围同学发生矛盾。可是，我觉得应该把每一个学生当作充满灵性的人来看，坚持不放弃他，坚信“教人应成人”。经过一段时间的观察，我发现他具有在同学面前表现的强烈欲望，甚至蛮有集体荣誉感的。我想：何不对症下药给他一点机会，激励他一下，说不定就能雕琢出来呢。

首先，我在课上时时关注他，有时用语言，有时用眼神，有时是一个微笑。课后同样给予他更多的关注，观察他一举一动，寻找激励机会点。我时刻寻找他的进步点，只要发现他有任何一点进步，就在全班同学面前表扬他，表扬也是形式多样，所有的作业只要有进步，我就会用或长或短的鼓励性评语进行表扬，无论是书面的还是口头的，只要是做得好的有进步的地方我都给予表扬。终于，经过几个月的努力，他改变了很多，作业能按时交了，上课也能积极回答问题了，其他老师也看到了他的进步，也给予他更多的赞许激励。到此为止是首战告捷，可以说，初步取得阶段性激励效果。

接下来，我想如果就此放松，恐怕有朝一日又会重蹈覆辙。对学生而言，班级就是个小组织、小社会，所以，我想如果让他获得自身的人际尊重和自我实现需要的高级需求，或许可以让他“长治久安”。针对他的情况，结合班级刚好缺少一个纪律委员的班干部职位，我想何不就以此来激励他进一步提升自己呢？第二天下午的班会上，我向全班同学间接推举了LZX。我说：“同学们也都看到LZX的进步，我们就让他来试试，LZX，你觉得呢？”“老师，我能行吗？”他站起来，有些胆怯地问道。“行！就像之前你的进步一样，准行！”我朝他微笑着表示肯定和鼓励。“好，那我试试！”他大声地说。

时间可以证明一切，以前的他已经和现在的他无法相比！课堂上，积极回答问题；作业中，认认真真作答；课间，还能看到他为同学们服务的身影，就这样，他从此脱胎换骨了！我放心了，家长也开心了，他再也不是以前的样子了。这名学生的进步使我更加感受到，学生点滴的进步是做老师的最大的成功与欣慰。这不正是“如果孩子生活在赞赏中，他便学会自信”这句话的体现吗？学生的特点是天真、顽皮，所以要用心用爱去教育他们，用教师的言行去激励他们。

【案例反思】将所谓“无药可救”的孩子拯救过来的关键是什么？

（二）面对沉默自闭的儿童

【案例】　　　　　关于一个孩子的语文教学笔记①

2009年，刘昕老师遇到一个特别的孩子：小飞。小飞有留守儿童的痛苦经历，沉默自闭，不愿说话，反映出对人世和他人的不信任，没有安全感。他的沉默自闭，实际上是将心灵之门关闭起来，基本堵塞了与世界、与他人交流的通道。所有这些表现，都是“情感疫苗”缺失的典型症状。在一个追求考试、追求所谓成功的时代，就是一些学习成绩跟不上的健康正常的孩子，往往都会被老师“遗弃”。像小飞这种孩子，一般情况下，他将得到的对待是可想而知的：被老师视为累赘，成为班级的负担，遭到同学的嘲笑。这样的对待，会加剧这类孩子对人、对世界的不信任，更加没有安全感，更加自闭，直至完全将心灵之门关闭，形成不可逆转的可怕的悲惨结局。

小飞是幸运的，他遇到了刘昕老师。面对小飞这样不开口说话的孩子，刘老师没有放弃，先是找他父母了解情况，与任课教师沟通协调整体性的帮助计划，与同学商议，请求同学伸出友爱的援助之手。在做好这些准备工作之后，刘老师开始了一个漫长的“阅读治疗”的过程，通过讲童话故事、做语言游戏、读儿童诗、生活对话等方式，去打开小飞的语言之门、心灵之门。这些充满爱心、爱意的做法取得了非常明显的效果，小飞不但愿意、能够流利地与老师、同学对话交流了，脸上也有笑容了，对班级和同学也有了真诚、质朴的关切之心。总之，小飞的语言之门打开了，心灵之门打开了，沉默自闭的倾向已经慢慢离他而去。

【案例反思】刘老师为什么能够取得成功？这里面蕴含着怎样的教育规律？

（三）面对留守儿童

【案例】　　　　　　　　留守儿童日记②

2009—2010年的时候，贵州遭遇了百年不遇的大旱。我们通过走访发现，当地这些留守儿童与媒体报道的留守儿童不太一样，媒体都是“围观”的角色。我们走访发现，他们搬玉米的时候，比赛看谁搬着玉米跑得最快，第一次他输了，第二次他赢了，他们感觉劳动像呼吸一样自然，根本不像媒体说的他

① 该案例出自南通师范第三附属小学刘昕老师的教育实践。

② 该案例出自2013最美乡村教师杨元松老师(贵州)的访谈资料。

们劳动繁重；他们很辛苦，他们很无奈，根本没有这些话题种在他们心里。比如说小猫生孩子了，他要照顾小猫，他们很有爱心，有很多独立的能力，这都是积极的理念。我要写真实的面目，我要把他们真实的生活状态展现出来，我就开始酝酿。我意志坚定，尝试跟周围的人合作，我说可不可以把留守儿童这本日记编成书呢？我就想做这件事情。这个现象不是一个学术的问题，不是理论上的问题，它是一种人文关怀，这个人文关怀也是社会责任感。我就开始收集日记。

我教小孩写日记是想让他们有倾诉的方式，小孩子说，老师我跟你讲一件事，你千万不要跟别人说，我就知道日记这件事做对了，因为山村里的孩子都不善于交际和表达，我选择日记的方式让他们学会书面的表达，再说出来就变成口头表达，这样他们交际的能力就有所提升。我觉得小孩把心里话说出来可以一举多得，不光把内心的东西表达出来，还可以有倾诉的对象，把心里不健康的东西、憋得很难受的东西说出来。我看到很多心里话，我觉得这个日记非出不可了，到最后我都着急了。2010 年 3 月到 2010 年 7 月，我收集到了 26 位留守儿童的日记，又收集了他们的话和主题班会上的信等，构成了留守儿童的日记。

【案例反思】我们教师面对留守儿童应该是怎样的角色？是围观者？是评论者？还是现场救助者？如何救助？

二、主题工作坊：认识自己的偏好

（一）检视自己眼中的学生

班级就是一个小集体，正常的班集体，所包含的学生的素质是有差别的，就像人的五个手指，集体成员必然有高有矮、有胖有瘦，成长的路上自然就走得有快有慢、有曲有直。如果是根据他们的学习能力的强弱划分，或许可以分成三种层次：优等生、中等生、差等生。如果是根据他们的纪律规范性划分，或许可以分为乖乖宝、调皮捣蛋两大对比鲜明的类型。然而，作为学生，潜意识里谁都愿意成为老师眼中的优等生、乖乖宝；而作为老师，也都希望自己的班级的学生都是优等生、乖乖宝。每个学生都有自己的禀赋与个性差异，这也正是教育的魅力所在——因材施教。

活动 1：认识自己的偏好和偏见

下列问题可以帮助教师探索自己在与学生交往时存在哪些偏好和偏见：

学生的外表——我对哪种外表的学生会给予更多关注？为什么会这样？（试图往深层次进行探索）这对教师的教学效果有什么影响？

学生的行为——我对哪种行为的学生给予了更多的关注？为什么会这样？（试图往深层次进行探索）这对教师的教学效果有什么影响？

学生的态度——学生的哪些态度会引起我更多的关注？为什么会这样？（试图往深层次进行探索）这对教师的教学效果有什么影响？

（二）发现学生的多元智能

“如果孩子生活在赞赏中，他便学会自信；如果孩子生活在批评中，他便学会谴责；如果孩子生活在敌视中，他便学会好斗；如果孩子生活在恐惧中，他便学会忧心忡忡；如果孩子生活在安全中，他便学会相信自己周围的人；如果孩子生活在受欢迎的环境中，他便学会钟爱别人；如果孩子生活在互相帮助中，他便学会关心他人；如果孩子生活在亲情、友谊中，他便会觉得他生活在一个美好的世界。”每个学生的心中都有一个“真、善、美”的自我，如果孩子消极悲观自卑，多是外界压抑的结果。多给学生说“你应该、你能行、你可以”，尊重鼓励孩子是做好一切工作的前提。不是每个孩子都美丽，但他们一定是可爱的；不是每个孩子都聪明，但他们一定是独特的。这需要教师用爱心去发现，用爱的阳光去照耀。

魏书生老师说过：“要珍惜学生心灵中闪光的东西，以他们自己的光芒，照亮自己的黑暗。”对“特立独行”的学生，我们不应该歧视，而应该给他们以格外的关心照顾，定期和他们保持心理沟通。在教育的过程中，对于这些学生，激励永远比批评更奏效，让他们找回自尊与自信是至关重要的。我们也坚信：虽然他们可能暂时落后了，但他们也是孩子，他们内心也会怀有梦想，他们内心要求进步的愿望不会消失，尽管他们有时表现出“唯我独尊”的行为举止，但只是表层行为，是一种自我保护的表现，也是一种维护自尊的表现。管理学中“马斯洛的需要层次理论”告诉我们：任何一个学生，都会有表现自己，特别是在集体面前展示自己才能的欲望。学生集体本身就是个小小的社交群体，获取社交自尊、追求目标的成功、展现自我实现的需求是人的本能需要。所以，每个孩子都是一支需要点燃的火把。也许，有时就因为我们的一个赞许的微笑、一句激励的话语、一个精心安排的机会……从此改变了一个学生的一生。

活动 2：第一印象

假设一间屋子里坐着的所有人都是你从来没见过的，你大致看了一下屋子里的人以后，可以将他们分为五类：(1)年轻点的女性，略带微笑，紧张，注意力集中；(2)年龄稍大点的男性，双手交叉抱着胳膊，有点烦躁；(3)较年轻点的男性，有点疲惫，有点颓废；(4)年长的女性，有点激动，紧张；(5)年长的女性，有点古怪，严厉。

对这些人的第一印象做了分类以后，有以下问题：这些人的第一印象给你什么感受？你会用哪一个词来形容你对这些学习者的行为期望？你会给自己一些什么暗示来避免自己对这些人的第一印象影响自己的课堂效率？可以采用哪些策略来保证自己不被这些第一印象影响？

作为教师，我们应该有足够的成人之心面对每一位学生，尤其是成绩平平和淘气调皮的学生，应该用包容的眼光看待他们、用激励的语言鼓励他们、用博爱的行动感化他们。或许因为教师的包容，从此学生不再孤僻；或许因为教师一句激励的语言，学生的学习兴趣、探索精神得以提升和张扬。因材施教永远是教师很高的为师标准，或许就因你的激励，在学生中得到更多的信任与支持，成就了学生的一生，也成就了自己的事业。

教育育人的核心，就在于让孩子们始终体验到自己的尊严感，感到他们被人尊重和信任的宝贵。教育一时不听话的孩子，如同大禹治水：堵，可能适得其反；导，可能四两拨千斤。那些曾经被认为“不可救药”的孩子，现在听到了赞扬，受到了肯定，获得了从来没有过的激励。正是这种正能量，改变了他们！正是这种激励的力量，将他们引导到正确的成长道路上来，使他们能够正视前方走路了！我们应该坚信每个学生都是可以雕琢的玉，不能放弃任何一块顽石。不能放弃任何一个学生，永远不抛弃不放弃是教师的又一天职！小学教育是一个漫长的在学生的未来中实现价值的过程，更需要细心、爱心与恒心。

【小测验】 **你的个体风格**

下面是五种个体风格的特点和每种风格的教师可能会说的话。

表 2-5 五种个体风格的特点和语言表

风格	控制型父母	养育型父母	成人	亲生的孩子	顺应型孩子
特点	指导，严格	关心，安慰	解决问题，有逻辑性	自然的，创造性，充满爱	顺从，礼貌
会说的话	“到组里去”“我将在这里停下来，因为我们必须进行下一个活动了”	“如果你完不成作业也不要担心”“你需要我再讲一遍吗”	“这是非常有趣的问题”“你认为我们该如何解决这个问题”	“让我们做这个有趣的练习”“对于你刚才说的我非常兴奋”	“开窗户 OK 吗”“如果你能够在离开之前将这些空填满，我将非常感激”

寻找更多的教师的个体风格，完成下列问卷。下面的每个观点与你和你学生有关。对于每个观点，分数如下：

对我来说不是真的——0 分；

对我来说部分是真的——1 分；

对我来说大部分是真的——2 分；

对我来说全部是真的——3 分。

表 2-6 观点评分表

观点	分数
1. 我鼓励学生去做自己之外的事情	
2. 任何需要帮助的学生都可以找到我	
3. 我根据我想象中的学生期待来穿衣打扮	
4. 当学生到学校时我给他们每个人一种欢迎	
5. 我期望从学生身上学习	
6. 我对制造麻烦的学生很严厉	
7. 我鼓励开放式的讨论	
8. 在一个学期中，我延长时间减轻学生的焦虑	
9. 在任何的小组活动中，我给出任务的明确信息、时间和结果	
10. 我确保我的课堂中总是有幽默	

续表

观点	分数
11. 我为所有的人提供后续的帮助	
12. 我确保我和学生之间没有身体上的负担	
13. 我尊重学生的经验	
14. 我坚持做计划	
15. 我经常尝试新的事情	
16. 我经常对人有礼貌	
17. 我希望学生欣赏自己	
18. 我不允许主题有偏差	
19. 我认为我打心眼里对学生很友好	
20. 我在对教学内容做出改变之前会征求学生的意见	

分数：

	控制型父母	养育型父母	成人	亲生的孩子	顺应型孩子
观点（序号）	6 9 14 18	2 4 8 11	1 5 7 12	10 15 17 19	3 13 16 20
总分					

三、认知堂：特别的爱给特别的你

苏霍姆林斯基认为，对人由衷地关怀，就是教育才能的血和肉。我们在教育中，会不断遇到那些特别的学生，他们惊人地难以教化。这时候我们要拿出特别的爱给他们，转换心态，把他们当成教育历程中的一个个挑战。要知道将这些孩子教育好，你要具备多种素质，如运筹帷幄的水平、敏锐的判断力和高效的执行力，甚至还要有很好的体力和耐力，但原则和指导思想只有一个，这就是“爱”。把这些特别的孩子教好，是一件多么有成就感的事情。

（一）从了解学生开始

特别的孩子特别需要教师的理解，他们背后有着这样或那样的故事。当学生出现问题时，切忌主观武断、简单粗暴。处理问题要言之有据、言之有理、晓之以情，以达到和风细雨润物无声的效果，使动机和效果、手段和目标有机地统一起来。我们需要特别关注学生的心理动向，尊重学生的个性差异，尊重学生作为独立个体存在的现实，努力做学生的良师益友，努力处理好自身和他人的人际关系，主动帮助别人，用健康的身心去影响学生，协调好来自各方面的关系，严于律己，宽以待人，尽量为自己和周围的人创造一个合适的空间。教育的核心和灵魂是育人，要体现以人为本的教育理念，教育的使命在于了解、发现、唤醒和引导。

美国临床心理学家安德鲁·费勒在《家有顽童》一书中归纳了几种特别孩子的类型。第一种：喜欢操纵别人，喜欢主宰和控制他们，甚至可能欺凌同伴，善于唆使同龄孩子做出格、危险的事情。第二种：善于同成人谈判，这种孩子很精明，也有一肚子的鬼点子。第三种：他们常说："凭什么！"对你所有的教育和要求都要质疑与诡辩，他们会让你片刻不得安宁，而他们经常不了解自己的真实感受。第四种：他们拥有超人的斗志，好吹嘘，自尊心极强，一味求胜，有极强的逆反心理。第五种：他们总是冒险，把自己弄得浑身是伤，会忽然消失，所尝试的事情让我们心惊肉跳，他们不擅长评估风险，太过于高估自己的能力，通常没有计划事情的天赋。第六种：性格模糊，遇事消极，周围发生的事情大都与他们无关，经常丢失东西，表现得心不在焉，有时还自我封闭，想要调动他们的积极性非常困难。

【小调查】　　你有这样特别的学生吗

表 2-7　几种特别孩子类型

类别	特点	你准备怎么做
第一种	喜欢操纵别人，喜欢主宰和控制他们，甚至可能欺凌同伴，善于唆使同龄孩子做出格、危险的事情	
第二种	善于同成人谈判，这种孩子很精明，也有一肚子的鬼点子	
第三种	对你所有的教育和要求都要质疑与诡辩，他们会让你片刻不得安宁，而他们经常不了解自己的真实感受	
第四种	他们拥有超人的斗志，好吹嘘，自尊心极强，一味求胜，有极强的逆反心理	

续表

类别	特点	你准备怎么做
第五种	他们总是冒险，把自己弄得浑身是伤，会忽然消失，所尝试的事情让我们心惊肉跳，他们不擅长评估风险，太过于高估自己的能力，通常没有计划事情的天赋	
第六种	性格模糊，遇事消极，周围发生的事情大都与他们无关，经常丢失东西，表现得心不在焉，有时还自我封闭，想要调动他们的积极性非常困难	

（二）以情感化，　用心沟通

解决学生的问题最重要的因素就是编织一条牢固而积极的情感纽带，让他们找到归属感。归属感能让这样的学生找到他们的位置，我们需要进入他们的内心，与他们共同感受、共同欢乐、共同倾听，进入他们五彩的世界，了解他们的另一面。怎样让这些孩子拥有归属感？费勒制订了三个步骤：第一，制定培养归属感的策略；第二，养成合作的习惯；第三，明确提出你的期望。想获得学生的信任，要寻找培养归属感的机会，当学生取得成绩、有了进步时，应当及时给予表扬，勉励其争取更大的进步；受到挫折时，为学生分析失败原因，鼓励他不要轻言放弃；生病住院时，给予温暖的问候，让学生知道学校、教师、同学都很关心他；家庭经济困难时，呼吁大家都奉献自己的爱心，使学生感动，能感恩。当赞美、信任和期待成为一种正能量时，它就能改善人的行为；当一个人获得另一个人的信任、赞美时，便会感觉获得了社会的支持，从而提高自我价值，变得自信、自尊，获得一种积极向上的动力，并尽力达到对方的期待，以避免对方失望，从而维持这种社会支持的连续性。

在与学生沟通时，我们要有一颗真诚的心，采用智慧的办法，以耐心、爱心、诚心去换取学生的理解之心，才能唤醒学生的向上之心。循循善诱，学生总有一天会接受你的关心和爱抚；设身处地，师生关系自然而然就会融洽和谐。师生的沟通应该建立在相互信任、相互理解、平等友爱的基础上，这样才能与学生进行心与心的交流、心与心的沟通。

【案例】　　　　英国亚皮凡博物馆中的两幅藏画

在英国的亚皮凡博物馆中，有两幅藏画格外引人注目。其中一幅是人体骨骼图，另一幅是人体血液循环图。说起这两幅画的来历，你也许并不陌生：原来，这两幅画的作者竟是一个叫麦克劳德的小学生。麦克劳德从小充满好奇心，凡事总喜欢寻根究底，不找出答案誓不罢休。有一天他突发奇想，想看看狗的内脏到底是什么样的，于是便和几个小伙伴偷偷地套住一只狗，将其宰杀后，把内脏一个一个割离，仔细观察。没想到这只狗正是校长的宠物犬。对这事，校长十分恼火，感到如果不严加惩罚，以后还不知道会干出什么出格的事。经过反复思考后，校长做出了这样的处罚决定：罚麦克劳德画一幅人体骨骼图和一幅人体血液循环图。知道惹下大祸的麦克劳德决心改过自新，于是他按照校长的要求，认真仔细地画好了两幅画。大度的校长看后很满意，不但对杀狗之事既往不咎，还大大夸奖了麦克劳德一番。

后来，麦克劳德成为一位著名的解剖学家，还与班廷医生一道研究发明了以前人们认为不可治的糖尿病的胰岛素治疗方法，并获得1923年诺贝尔生理学与医学奖。老校长对小麦克劳德的处罚办法是巧妙而又充满爱心的，既让麦克劳德认识到自己的错误，又保护了他的好奇心，还给了他一次学习生理知识的机会，连一只狗的尸体也派上了用场。如果当初老校长简单粗暴地严厉批评，让小麦克劳德当众检讨，并通知家长支付赔偿金，那就有可能把麦克劳德的好奇心一同罚掉。从这个意义上说，是老校长用一只狗的代价，换来了一位医学天才。

【案例】　　陶行知与四块糖

一天，陶行知在校园里看到学生王友用泥块砸自己班上的男同学，立即制止了他，并让他放学后到校长室去。放学后，王友早早地来到校长室门口准备挨训。这时，陶行知走过来了。他一看到王友，就掏出一块糖果递给他，说："这是奖给你的，因为你按时来了，而我却迟到了。"

王友惊愕地接过糖果，目不转睛地看着陶行知。这时，陶行知又掏出一块糖果递给王友，说："这块糖果也是奖给你的，因为当我不让你再打人的时候，你立即就住手了，这说明你很尊重我，我应该奖励你。"王友更惊愕了，他不知道校长到底想干什么。

这时，陶行知又掏出一块糖果放到王友的手里说："我已经调查过了，你用泥块砸那些男生，是因为他们不守游戏规则，欺负女生。你砸他们证明你很正直善良，并且有跟坏人作斗争的勇气，应该奖励。”王友听了非常感动，他失声叫了起来：“校长，你打我吧，我砸的不是坏人，而是自己的同学呀！”

陶行知满意地笑了，又掏出一块糖果递给王友，说：“你能正确地认识错误，这块糖果值得奖励给你。现在我已经没有糖果了，你也可以回去了。”

四、百宝箱

（一）自我检测：教师与学生的生命关系

有四种生命地位(life position)：我好，他也好；我好，他不好；我不好，他好；我不好，他也不好。下面的量表帮助你来检验你的生命地位。

表 2-8　生命地位检查表

A＝Agree　B＝Disagree

	A	B
1. 我享受与别人建立良好的工作关系		
2. 他们通常看起来就没有动力去加入小组中		
3. 我经常担心会被问到我回答不出来的问题		
4. 当我教学的时候，我会看到最好的自己		
5. 虽然我相当的焦虑，但在教学中感到自信和放松		
6. 总是有一些懒惰的学生		
7. 有时候我在担心“重点是什么”		
8. 我相当担心我将会发现我不知道的东西		
9. 这真是对牛弹琴		
10. 我感觉没有事情在真正地改变		
11. 我感觉我至少让一部分学生失望了		
12. 当新学期开始的时候，我希望同学们和我都能够过得快乐并且学到有用的知识		
13. 无论我怎么努力，总有一些我得不到的		
14. 我经常意识到班级中的有些同学从课堂中没有很大收获		
15. 我喜欢迎接新学期带来的挑战		
16. 有时候我认为他们看起来就像我感觉的那样沮丧		

（二）电影欣赏：　公平对待每个学生

欣赏电影《地球上的星星》，用你的理解将这一段话补充完整：

每一个孩子都是特别的，每个人都是一颗明亮的星星。我们要试着改变我们的态度，去创造地球上的星星……

我可以换一种眼光看待他们，我感觉到他们！

我可以换一种思维看待他们，我感觉到他们！

我可以换一种心情看待他们，我感觉到他们！

五、拓展阅读

假如时光倒流几十年，我绝不会那样做老师①

于永正

我不是悲观主义者，不会因为人生快“走到头”了而叹息。我常常想的倒是：假如时光倒退，不要多，只十几年，再给我一次从一年级带到六年级的机会，再让我教一届小学生，把我现在相对成熟的经验献给学生，那该多好哇！

难道老师也像庄稼一样，老了才成熟？难道就像红薯一样，从地里挖出来，非得在地窖里放一段时间才甜，才软，才意味着彻底成熟？

是的。退休之后的大反思，使我基本上明白了教育究竟是怎么一回事，教语文究竟是怎么一回事。因为基本上明白了，所以我退休后才经常想，年轻的时候不会教，等会教了，又老了。如果时光倒流几十年，我绝不会做那样的老师。

如果再教一年级，绝不会让小朋友上课尿裤子了

那是1985年12月底的事。

一天上午，我正在为一年级(1)班上课。学生正在用心地写我摆在讲桌上的蔬菜、水果，朱飞飞突然站起来说：“林毅尿裤子了！”

林毅是个文静秀气的小女孩，平时很少言语。我对她说：“我不是说过吗？上课有事，可以举手报告。”她低着头，一声不吭。天这么冷，棉裤尿湿

① 于永正：《做一个学生喜欢的老师——我的为师之道》，北京，教育科学出版社，2014。

了，怎么能行呢！我赶紧请班主任邓桂霞老师给家长打电话，送条裤子来。下课了，我见邓老师正在炉子上(那时冬天办公室里生炉子取暖)为林毅烤棉裤呢。当时我心里还不以为然。

这时，办公室里一位年长的老师对我讲起她曾经在报纸上看到的一篇报道。文中说：一位教一年级的女老师上课时，发现一位学生神色不对，便走到该生跟前，嘴巴凑到他耳朵上悄悄地问："想解手吗?"该生使劲点头。女老师一拍他的肩，他便飞也似的跑出去了。可是，好久不见这位小朋友回来，于是这位老师从包里掏出卫生纸，对另一位小朋友说："你去厕所给他送卫生纸去。"果不其然，这位小朋友正为没带卫生纸发愁呢！

听罢，我羞愧至极。我觉得我不配做特级教师。

我为这位老师的善于体察而吃惊，为她的善于推理而敬佩！

如果时光老人再给我十几年的时间，让我重教一年级，上课时我会关注每一位学生，不再只是关注教案、教学。

岂止是教一年级，教任何年级都要认真读每个学生的表情、动作，从中读出他们的内心，并做出正确的判断，采取相应的措施。

低年级上课中间的短暂休息，我不会只是唱唱歌，活动一下身子，一定会先问小朋友一句：有需要"那个"的吗？尤其是在冬天。我也不会只是那么"正统"地活动、唱歌，我会让学生大吼几声——有字无字都行——让小朋友吼出精神、吼出气势、吼出劲头、吼出笑声。

犯了错误的学生进了办公室，一定请他坐下

在四十多年的教育生涯中，把犯了错误的学生"请"到办公室里去，是常有的事。"请到办公室"，是表示该生所犯错误已到了一种严重地步。当众这么"宣布"，也想"警示"其他学生。

问题还不在这里。问题在犯错误的学生到我办公室的"待遇"：他必须标准地立正站着——脚后跟靠拢，两臂下垂，中指贴在裤缝上。如果不"标准"，我便命令他"站好"，随即强制性地"纠正"：比如用脚踢他的脚后跟。这实际上是体罚。这种做法，哪里有尊重可言！哪里有平等可言！哪里有民主可言！

几十年了，我不就是这么做的吗？运用"动物园教育学"——以奖励做诱因、以惩罚做威胁来"训练"学生，是泯灭人性的教育！

假如我回过头来再从事教育，我会视学生为朋友，我甚至不会称他们为“孩子”——叫他们孩子，那意味着我是长者，“平等”就不存在了。低年级的学生称“小朋友”，高年级的学生称“同学”，同学同学，我们是一同来学习的，是平等的。

他们犯了错误，我可能还会请他们到办公室里谈谈，但是我会为他搬一把椅子，放在我的身边，请他坐下，我甚至还会为他倒一杯水。我可能很严肃，乃至于严厉，但不会再说“你呀，瞎子害眼——没治了”之类的伤害学生自尊心的话。我会以自己的一言一行、一举一动告诉学生什么叫尊重、平等、民主。

我不会再愚蠢地把分数作为衡量学生优劣的唯一标准……

可惜，我认识得晚了。如果我再从事小学教育，我会经常把十个手指头伸出来告诫自己：这就是你的学生！尺有所短，寸有所长。有了这样的学生观，我会认真研究每一个学生，知其长短，让每个学生扬长避短，甚至让一些人变短为长。人人尽力了，学到什么程度就是什么程度。东方不亮西方亮，分数实在没有多大意义。

我想当“导师”，而不是当“教师”。

第三章　小学高年级阶段教师的情感表达与师生关系构建

第一节　成长的烦恼，你发现了吗

三四年级是小学教育的转折期，这一时期形成的学习习惯和学习能力将影响日后的学习能力。五年级是小学教育的提升期，六年级是小学教育与中学教育之间的一个承上启下的关键期，孩子将为以后更加深入地学习打下稳固的基础。五六年级的学生开始进入青春早期，自主意识逐渐强烈，喜欢用批判的眼光看待其他事物，有时还对师长的正当干涉进行反抗抵制。由于这一时期他们的抽象思维、逻辑思维能力加强了，所以他们的自我意识、评价和教育的能力也得到了充分发展，初步形成了个人的性格和人生观。但他们的意志力不坚强，分析问题的能力还在发展中，所以遇到困难和挫折容易灰心。同时，这一时期的学生和家长都开始为未来的小升初做准备，内心会比较焦虑。

一、情境再现：少年维特之烦恼

（一）学生间的矛盾

【案例】　　凭什么批评我

小文在班级里是很显眼的男生，他口才很好，为人热情开朗，书写很快，经常第一个完成作业，当然有一些错题。但是他脾气很大，经常会生气，他的口头禅是：“凭什么？”遇到问题，总是说别人如何不对，自己是无辜的。还有，他的妈妈是我的同事，所以有时候小文也显得很特殊、很随便，有一种优越感，很多同学都不喜欢他。

毕业前学校开运动会，其中有一个接力项目，每班需要10人参加，孩子们为了集体荣誉，放学后经常自发地留下来练习，小文也是其中之一。当广播响起时，大家却发现，小文不见了！情急之下，我临时找了小卓同学替补，虽然小卓很担心自己拉集体后腿，但还是比较顺利地完成了任务。成绩不是很好，大家自然把矛头对准了小文，有的说他不爱集体，有的说他临阵脱逃，甚至有人说他是六(2)班的罪人。我及时制止了孩子们的言论，毕竟他们都带着情绪，不够理智。

当下最重要的是找到小文本人，问问弃赛的原因。终于找到他了！小文自己返回教室，在班里发脾气，他把一盆水泼在一个女生的位子上，还把这个女生在墙壁上展览的美术作品撕个粉碎！大家都在帮助收拾，那个女生一脸惊恐的表情，用求助的眼神望着我，继而边哭边收拾桌子。我先去安慰这个女生，平复她的情绪。作为班主任，此刻的我非常生气，这也太过分了！我安排好学生们放学，把小文带到了办公室。

在去办公室的路上，他愤愤不平地嘟囔着："凭什么？凭什么批评我啊？"我看了看他因为委屈而憋红了的脸，心想：不批评你批评谁啊？但是我口头上什么也没说，我猜想也许小文不会无缘无故发脾气，置集体比赛于不顾，还那样没有风度地对待一个女生。一定有什么隐情。

果然，我的猜测得到了证实。小文说接力比赛前，那个女生开玩笑说，小文是接力队伍里跑得最差的、练习时最爱掉棒的。小文听了自然非常生气，一气之下决定不参加比赛了，还把怨气一股脑地撒在这个女生身上。

我很平静地对小文说："我很理解你，小文，那个女生比赛前的玩笑是不对的，谁听了这样的话，不管是不是开玩笑，都不会开心的，老师绝对站在你的一边！"小文使劲点了点头，小脸舒展了，他觉得老师很明白他的感受。我话锋一转："那你觉得今天自己的表现有没有问题？"小文不语。我接着说："我觉得，今天你的弃赛行为特别愚蠢，你用一个人的错误来惩罚大家，报复班集体，这不是你一个人的比赛，是集体项目，大家练了那么长时间，是为了什么呢？""为了拿第一！"小文接着说，"老师，我是太冲动了，我总是这样，哎，老师，对不起！""成绩是次要的，集体的荣誉感、团队的合作、参与的快乐是重要的，但是都被你破坏了，真是让人失望。幸好，小卓同学及时补上，让我们的班集体顺利完成了接力赛，你该感谢小卓同学啊！”

如我所想，小文向那位女生真诚地道歉，那位女生也表达了歉意。小卓呢，成了大家眼中的小功臣。团体优秀奖的奖状贴在教室后墙上。看着这群孩子，一副欣慰的样子。那个动不动就说“凭什么批评我”的小文，似乎一下子懂事了许多。现在，他经常挂在嘴边的是：“你是不是六(2)班的啊？”

【案例反思】当同学间出现矛盾时，我们应该怎么做？

（二）异性交往的烦恼

【案例】 **孩子的一点“秘密”**

地点：小花园

人物：小芳、周老师

小芳：“周老师，我觉得您特理解我们，我想求您个事情。”(孩子显得很可怜的样子，用近乎乞求的口气跟我说。天哪，从做一个副科老师到现在，这句话是学生对我的最高奖励，也是我最开心的事情)

周老师：“好啊，不用求，说吧！”

小芳：“您帮我创造点机会。”

周老师：“什么机会呢？”

小芳：“我特别喜欢我们班一个人。”

周老师：“谁啊？”

小芳：“浩浩。”(她说的时候，感觉有点腼腆的样子)

周老师：“是吗？挺好。”

小芳：“老师，您怎么不笑啊？”

周老师：“笑什么呢？很正常啊。”(因为我如果笑了，孩子可能就不愿意说了)

小芳：“您太好啦！”(我想现在的孩子早熟，孩子的想法真的很正常，但是如果我从一开始就讲大道理，孩子只能下次躲着你，没有任何教育效果，我必须要先同孩子一起感同身受)

周老师：“喜欢有什么关系啊？就像你肯定也很喜欢朱老师啊！”

小芳：“老师，不是那种喜欢，是指人的感情的那种喜欢，两个人的。”（呵呵，眼下这个孩子自己也解释不清楚了，但是所有的人都明白她的意思了）

周老师：“你跟他说过吗？”

小芳：“说过。”

周老师：“你就直接跑去跟他说了，是吗？”

小芳：“哎呀，老师，这种事情当面是说不出口的。”（孩子有些不好意思）

周老师：“那怎么办呢？”

小芳：“我在QQ上问他，浩浩，你喜欢过谁吗？”

周老师：“他说什么呢？”

小芳：“他说不知道。”

周老师：“然后呢？”

小芳：“我就跟他说，那我要告诉你我喜欢你呢？”

周老师：“他什么反应？”

小芳：“他吓傻了，然后就下线了。”（自己捂着嘴乐了）

周老师：“你喜欢他什么呢？”

小芳：“哎呀，老师，喜欢一个人是不需要什么理由的。”（虽然我觉得孩子的言行着实很可爱，但是我并没有笑，真不可小看这些孩子，说得还真挺是那么回事的，我要有点方法才行）

小芳：“老师，我求您了，一定要创造一些机会让我们相处。”

周老师：“比如说——”

小芳：“比如您让他留在教室，也留下我。”

周老师：“我们可以有机会一起玩啊，同学，有什么不可以呢？”

小芳：“您太好了。”（紧接着乐呵呵地给我鞠了一个躬。上课铃响了，孩子先回班里上课了）

【案例反思】如何看待周老师对同学间相互喜欢这件事情的处理？如果是你的话，你会怎么处理？

（三）建设同伴间的友谊

【案例】 **因为爱**

小锋做出的不少事情真让人难以理解，他整天都觉得老师们在找他的茬儿，同学们在疏远他，于是就和同学老师顶着干，形成恶性循环。9月初，恰逢他的生日，我要送他一份特殊的礼物。我准备了一个日记本，经过认真揣摩，我在第一页写上了两句交友名言，并结合他的实际情况动情地给他讲我为什么送他这两句名言。下午上完课，利用小锋去课外小组不在班里的机会，我拿着本走进了班里，做了一次深情的讲演，将我写赠言的目的告诉同学们，发动全班同学给他写生日贺词，鼓励同学大胆而真诚地和他去做朋友。当即就有很多同学响应了我的号召。我还和同学们约定好，在明天晨检将这个礼物送给小锋之前，要共同保守这个秘密，要让他重新感到集体的温暖、友情的温馨。孩子们信心十足地对我说："老师，您就放心吧！"这话给我增添了无穷的力量！

第二天早晨，当我拿到这个本时，出乎我的意料，大约有一半的同学都工工整整地在上面写下了祝福的话。但也有同学来悄悄告诉我，班里有同学就是不愿意给小锋写哪怕一个字，我什么也没说。晨检时，我将本郑重地交到了小锋的手里，并当着全班同学的面朗读了我写的赠言，其实也是想教育同学们要心胸宽广、宽以待人。我请同学为他提了希望，他也表达了自己在新的一岁中要结识更多好朋友的愿望。我们一起为他唱起了生日歌。最后我深情地说道："他是班中的大哥哥，他想和每一个同学成为好朋友，我知道，我们班的每一个同学也都愿意和他成为朋友。昨天因为有很多同学有小组活动，所以还没有来得及在这个本上写上自己的祝愿，没来得及签上自己的名字。没关系，下课后，你们可以找到他，继续在本上写下自己还没来得及写上的话。"

没想到，下午，小锋高兴地找到我，对我说："老师，您知道吗？下课后又有很多同学在我的本上争着给我签字！"他灿烂的笑容，让我忽地觉得他是那么的可爱，我的学生们是那样的可爱。说来也怪，渐渐地，来我这里告他的状的同学越来越少了。

小锋学习很好，有一次，我留了一项自主作业，就是积累当日学过的课文中的好句。他写得非常认真，不仅如此，还分享积累的好词和好句。我抓住这个机会，在班里特别表扬他主动学习的精神，并在实物投影仪下将他的作业进行了展出，同学们佩服得直鼓掌。我看到他不好意思但又开心的笑容。从那以后，他在学习上更认真了，在其他科上也经常受到表扬。他自己也不再觉得老师们总找他的茬儿了，慢慢开始学会自省了。

我想要借助小锋学习上的认真劲儿，挖掘他各方面的潜力，让他的能力发挥出来。我每周都和他互相分享高兴的事情或者烦恼，讲到动情处我们可以大笑，也可以抱头大哭。

小锋的笑容渐渐地多了起来，笑容中少了些无奈，多了些快乐！真的，只有我们真正地爱学生，想方设法去温暖学生，才会让学生亲其师，信其道。刺激他，打击他，结果只能是适得其反。

那天，小锋兴冲冲地跑到我面前，兴奋地告诉我："老师，我真的很高兴，我真的没想到！"这是我把他调到了班中的榜样组后，他和我说的第一句话，那喜悦的心情溢于言表。

【案例反思】如何看待同伴间的友谊？你是如何理解友谊的？如果同学间发生了矛盾，伤害了友谊，你应该如何帮忙处理？

二、主题工作坊：学生成长的烦恼都有哪些

烦恼，是人成长中的必然，是人的情感发生变化的一种表现形式。每个人都有自己丰富而独特的情感世界，但由于知识水平、成长环境等各方面的差异，其情感往往也表现得千差万别。孩子们有的所谓"烦恼"，在我们成人看来未必是"烦恼"，甚至会感到幼稚可笑。作为教育者，应该充分信任我们的孩子，理解孩子的情感，尊重孩子的情感，要平等地与孩子们进行交流。我们的孩子究竟有哪些"烦恼"？不难发现，这些烦恼集中反映在来自家庭的父母、来自学校的教师或同学之间，家长的否定、教师的偏心、同学间的争吵等，都会给孩子带来烦恼。

（一）来自家庭的烦恼

我们的孩子来自不同的家庭，这就意味着不同的家庭背景、父母不同的管教方法等。孩子都应该有属于自己的小天地，有时父母的强行干预会带给

孩子许许多多的烦恼。有的父母偷看孩子的日记，还进行了杞人忧天的训斥；有的同学在家做作业时，有自己独到的解题思路，可是却遭到家长的全盘否定；有的同学的家长永远认为自己的孩子还没有长大，什么事情都要包办代替做主，孩子们也发出了强烈的抗议，“让我自己来”；有的家庭比较特殊，父母不和、家庭生活环境艰难、单亲家庭、留守孩子的烦恼等，也影响孩子的健康人格的发展；有的父母要求过高，老拿自己的孩子和别人的孩子比，孩子们说，在他们父母心中还有一个孩子，那就是别人家的孩子、成绩好的孩子，班上的前五名成了全班同学家长的孩子，这极大地伤害了孩子的自尊心……

（二）来自学校的烦恼

学生普遍反映学业负担太重，各类课外培训繁多，升学、分数与名次带来很大压力，遇到考试总感到紧张，没有属于自己的时间。有的教师只看成绩，有偏向，不能公平对待每个学生。有的教师在使用学生小干部方面，为了锻炼学生的工作能力，尽可能使更多的学生在集体中找到自己的小岗位，为集体贡献自己的一份力量，鼓励他们竞岗，在班级中建立“人人小岗位”制度，同学们的积极性当然很高。可是，有的教师还是戴上了有色眼镜，“光环效应”还在作怪，永远是那么几个信得过的优等生成了小干部，让这些能力的确不错的小干部忙忙碌碌地为班集体努力地工作，无形中又给一部分学生带来了烦恼：老师偏心、老师不信任我……再如在教学过程中，由于教师缺乏忍耐，偶尔会脱口而出：“你真笨！”“这么简单的题目还要问我？”不应该说的话全被教师说了，孩子的自尊心受到了严重伤害。

（三）来自同学间的烦恼

有的学生是班级小干部，他们对自己的工作感到迷茫，想成为教师得力的小助手，又不愿意得罪其他同学，他们发自内心地在日记中反映，同学不理解他们，有时冤枉了他们的一片好心，还有人说他们是假正经，常常到教师那儿打小报告……真实的言语，诉说了他们的烦恼，他们感到困惑。再如同学之间因为姓“朱”“杨”等而起与其谐音的绰号，同学们很难受：我有名有姓，干吗给我起那么难听的绰号？再如，同学之间经常会出现“界线”话题，谁也不能超出界线，一些小矛盾引发了争论，导致谁与谁不愿再成为同桌，常常有学生到教师那儿要求调换位置。有些同学家庭条件好，但好炫耀，爱欺负人。同学之间有意见不当面提，背后捣鬼，爱向教师告状。有的同学因为与异性交往而烦恼，遭到非议，被人起哄。

（四）来自生活方面的烦恼

生活单调，感觉孤独，每天就是上学、回家、吃饭、做作业。没人沟通和交流，有委屈埋在心里，自己的愿望无法一一得到满足，觉得没意思，只有上网开心玩一把才能释放。小小年纪就知道人生三张网：人情网、关系网、互联网。只有互联网上无烦恼，不用看任何人的脸色。“哥上的不是网，是寂寞”。孩子心中公平、公正的天平始终处于不平衡状态，守规矩的人经常吃亏，做好事反被冤枉等；教师、学校、社会对一些事情的处理影响着孩子的是非观，让他们难以接受。有的孩子感觉自己哪方面都不如人，短项让人看不起，长项无法得到发挥。自己在家庭中、班级中没有吸引力，对自己没有信心，想做的事总是做不好等。

【延伸阅读】　　　　小学生的五大烦恼

第一大烦恼：书包重、作业多、考试难。书包重、作业多、考试难显然组成了学习负担重的铁三角，被调查者无一例外地抱怨学习负担太重。有的同学说：我的烦恼就是长不高，不是因为缺钙，而是因为书包太重，它压得我长不高啊！有的说：我的眼睛二年级的时候还是2.0呢，可到了四年级，苍蝇在我眼前飞来飞去，我是“只闻其声不见其蝇”啊！为什么呢？因为作业太多，我的眼睛太疲劳了。还有的说：现在的考试题越出越难、越出越怪，我都差不多考成了小笨蛋了！我怎么能不烦恼呢？

第二大烦恼：睡觉的时间少，玩的时间更少。早上6点你一定要起来，因为6点50分是必须到校的。晚上做作业到11点是正常“下班”，到了考试前，每天晚上再加个2小时的班是再正常不过的啦！我们在健康卫生课上也学了，说小学生应该有8小时以上的睡眠时间保证，你说我们是优先完成作业呢，还是听从健康知识的教导呢？你说我们烦恼不烦恼？据说卡通片是给孩子们看的，可我早就忘了卡通片的模样了。当然，如果考了个100分，也许能得到特批的1小时户外运动，你刚约好了小伙伴，楼上又传来妈妈清脆的声音：1小时到了！你说，你会不烦恼吗？唉，真羡慕那些退了休的爷爷奶奶啊！

第三大烦恼：比！比！比！世上没有不唠叨的家长。都说现在的独生子女幸福无比，但我们更希望自己是森林中的自由小鸟啊！可父母常告诫：你看张三的儿子又考了100分，李四的闺女比赛得了一等奖，你就不能给我争争气吗？原来我们肩负着给家长争脸面的重担啊！和同事的孩子比、和邻居的孩子比、和认识的比、和不认识的比，比！比！比！……比得真让人心烦啊！一进家门：你怎么又在看杂书？刷牙时间怎么这么短？怎么还不做作业？……总之，家长有足够多的理由去唠叨，似乎我们回了家就没有做过一件正确的事情！

第四大烦恼：老师的批评是个“宝”，有时也是大烦恼。调查中我们发现，老师的批评也成为许多同学的烦恼来源。有的同学说，老师的批评是苦口良药，可这药有时候也太苦了吧！什么“你一辈子也不会有出息”啊，什么“你是来学习的还是来犯傻的”啊，有的老师似乎既是嘲讽人的高手又是决定我们将来命运的先知，这一切还要冠之以“都是为了你们的进步”！

第五大烦恼：同学间友谊多，烦恼也不少。因为个儿矮了一点点，有的同学就叫我“冬瓜”，你看到过有鼻子有眼睛还会骑自行车的冬瓜吗？我把小秘密告诉最信赖的小伙伴，可他却去老师那里打小报告，还说是“大义灭亲”，你说朋友间是该信任呢还是要提防呢？烦恼啊！当然，除了上面的五大烦恼，同学们还有许许多多的小烦恼，什么怕陪妈妈逛街啦，什么怕拔牙啦，等等。

三、认知堂：如何看待学生的交往

交往是人们运用语言或非语言符号交换意见、传达思想、表达感情和需要等的交流过程，包括物质交往和精神交往。它是人们之间为了协调、联合力量去获得某种共同成果而进行的相互作用。交往时，每个参加者都必须是积极的，他一方面要主动影响对方，另一方面要积极察觉对方的影响并作出适当的反应。交往的基本职能在于：组织共同活动；形成彼此关系；获得相互了解；求得自身发展。交往对学生情感发展和个性形成具有关键性的作用，交往能够促进健康成长。交往本质是一种活动，它是由以下多种要素组成的动态性结构：交往是有对象的活动，即有交往伙伴。交往伙伴在交往过程中表现出个性特征、行为风格、社会态度等品质，这是交往的具体对象。交往对象的选择，往往决定了交往活动的发展方向和交往的品位层次。交往是有需要的活动，是由归属需要引起的一种生存性活动。交往中主体需要认识和评价对方，并通过对方来认识和评价自己，这是自我认知的需要，也是认识他人、认识社会的需要。交往是有动机驱使的活动，动机水平越高，交往品位也随之提高。交往是动作参与的活动，有生活中相互照顾的交往，有游戏中的交往，也有学习上的“手拉手”式的交往。从发生学角度来看，0～6 岁是交往的发生发展期；6～12 岁是交往友谊形成期；12 岁开始进入交往友谊发展的最高阶段。①

有研究发现：儿童同伴交往的产生有一个比较漫长的过程，大约在出生后第 3 个月，婴幼儿之间就出现互相知觉、互相探究的积极性。5 个月后，婴幼儿看到同伴及其行为有明显的情绪性反应。10 个月后，婴幼儿与同伴接触日趋复杂。到了 3 岁以后，他们会向同伴发出主动邀请等，如把玩具递给他人。研究表明：渴望与同伴一起活动，渴望得到同伴的承认和支持，是 7 岁前儿童交往需要的基本内容。2～4 岁儿童处于“情绪—实际性交往”阶段，他们希望同伴参加自己的游戏娱乐活动，渴望在同伴面前表现自己；4～6 岁儿童处于“情境—活动性交往”阶段，他们在游戏中进行着双重交往——角色交往和同伴交往；6～7 岁儿童进入“非情境—活动性交往”阶段，语言是基本手段。小学生活以学习活动为主，语言成为儿童同伴交往的主要工具，同伴交往进入一个新的阶段。

友谊感的增进是小学阶段同伴交往的主要成果。友谊是和亲近的同伴、同学等建立起来的特殊亲密关系。友谊对儿童情感发展关系重大，它提供儿童相互学习的社会技能、交往、合作和自我控制，以及体验情绪和进行认识活动的机会，为以后的人际交往奠定基础。有研究表明，8～10 岁儿童开始理解友谊是一种相互关系，双方相互尊重、友好、充满情谊。儿童对友谊的认知在逐渐发展，6～7 岁儿童认为朋友就是一起玩耍的伙伴；9～11 岁儿童强

① 朱小蔓、梅仲荪：《儿童情感发展与教育》，392 页，南京，江苏教育出版社，1998。

调相互同情和互相帮助，认为忠诚是朋友的重要特征，朋友关系应该是比较稳定的。

可见，正常的人际交往与学生个性、情感和人格发展关系密切，可以促使他们养成尊重、宽容、合作、互助及勇于竞争等良好性格。缺乏正常伙伴关系的孩子，难以获得有关社会规则的学习机会，难以体验交往的快乐，难以形成健全的人格。经分析，导致城市孩子伙伴危机倾向的因素至少有三个：一是中国出现了8000多万独生子女，他们没有兄弟姐妹可以结伴玩耍；二是所住高楼的封闭性，人际交往明显减少；三是出于安全因素的考虑，父母不鼓励孩子串门交往。如何对待和建立友情，这同样需要正确引导。朋友之间真诚的友情，既是温暖心灵的阳光，也是促人向上的力量。教育应该为成长中的青少年提供真挚友情的真实事例，使他们在受到美好情感陶冶的过程中，学会善待他人、真诚付出，从而以一种积极热忱的心态投入生活。

【知识链接】　　塞尔曼的友谊发展五阶段

第一阶段(3～7岁)是友谊不稳定阶段。第二阶段(4～9岁)是单向帮助阶段，儿童要求朋友能够服从自己的愿望和要求。第三阶段(6～12岁)是双向帮助但不能共患难的合作阶段，儿童对友谊的交互性有一定的了解，但仍具有明显的功利性特点。第四阶段(9～15岁)是亲密的共享阶段，儿童发展了朋友的概念，认为朋友之间要保持信任和忠诚，甘苦与共，在交往中能互相倾诉秘密，但有强烈的排他性和独占性。第五阶段(12岁开始)是友谊发展的高峰阶段，表现为友谊更具选择性、亲密性和稳定性等特点，这是与同性同伴敞开心扉交往的加速期，也是对父母、教师及异性同伴心理上的封闭的高峰期。初高中是交友的高峰期和关键期，这阶段培养真诚、真挚的友谊极为重要。

四、百宝箱

（一）案例反思

女儿的试卷上有一道作文题：《成长中的______》，女儿写的是《成长中的烦恼》。我认真看了，却无可奈何。文中写道：背着沉甸甸的书包，里面装的不是零食、不是漫画，而是书本和作业。看着一天天满满的课程，喜欢的课程又被主课挤占了。迈上高高的楼梯，电视不能看了，回到了学习桌前，一学就是几小时……上完一个多小时的课外班，已经将近7点，回到家想起老师的作业，顿时便傻了眼。天哪，又有那么多的作业，便以火箭般的速度写完作业，还没有来得及休息一下，就要去背课文、背单词、读书……只有吃饭才算休息。我故意吃慢了一些，爸爸说："快点儿，还做奥数题呢！"只好又坐在椅子上，听爸爸讲奥数题：奇数＋奇数＝偶数；奇数＋偶数＝奇数……那绝对是我最烦的一天了，好像所有人都在跟我对着干。成长不应该是一摞作业，也不是一筐唠叨，应该像空中的小鸟，自由飞翔。

看到学生的这篇作文之后，你有什么想法？在学生的成长中，教师应充当怎样的角色？

（二）狮子的烦恼

有一天，素有森林之王之称的狮子，来到了天神面前说："我很感谢你赐给我如此雄壮威武的体格，如此强大无比的力气，让我有足够的能力统治这整片森林。"

天神听了，微笑着说："但是这不是你今天来找我的目的吧！看起来你似乎为了某事而困扰呢！"

狮子轻轻吼了一声，说："天神真是了解我啊！我今天来的确是有事相求。因为即使我的能力再强，但是每天鸡鸣的时候，我总是会被鸡鸣声给吓醒。神啊！祈求您，再赐给我一个力量，让我不再被鸡鸣声给吓醒吧！"

天神笑道："你去找大象吧，它会给你一个满意的答复的。"

狮子兴冲冲地跑到湖边找大象，还没见到大象，就听到大象跺脚所发出的砰砰响声。狮子加速跑向大象，看到大象正气呼呼地直跺脚。

狮子问大象："你干吗发这么大的脾气？"

大象拼命摇晃着大耳朵，吼着："有只讨厌的小蚊子，总想钻进我的耳朵里，害得我都快痒死了。"

狮子离开了大象，心里暗自想着：原来体型这么巨大的大象，还会怕那么小的蚊子，那我还有什么好抱怨的呢？毕竟鸡鸣也不过一天一次，而蚊子却是无时无刻地骚扰着大象。这样想来，我可比它幸运多了。

狮子一边走，一边回头看着仍在跺脚的大象，心想：天神要我来看看大象的情况，应该就是想告诉我，谁都会遇上麻烦事，而它并无法帮助所有人。既然如此，那我只好靠自己了！反正以后只要鸡鸣时，我就当作鸡是在提醒我该起床了，如此一想，鸡鸣声对我还算是有益处呢！

读了这个故事，你有怎样的感想？

五、拓展阅读

小读者来信：伤心的“透明人”

赵　静

赵静姐姐，我的性格偏内向，遇到老师和亲戚朋友时，不敢和他们打招呼问声好。我知道这样很不礼貌，但我就是不敢。

我的烦恼不是老师不关注我，而是学习好的同学都不太愿意搭理我。最近，就连好朋友见了我，也像见了“透明人”一样。

其实，我小时候很合群的，人缘很好。可是随着年龄的增长，和朋友们的关系就渐渐疏远了。因为，我不太喜欢凑热闹，总是喜欢在属于我的那个角落里，呆呆地看着那些朋友们嬉笑打闹。

我对朋友的关心，表面上看不出来，我总是在心里默默为朋友们担忧。这个样子，其实挺麻烦的。比如，我们班要组织旅游。在坐大巴的时候，我却不知道要和谁坐，好像大家都不肯和我坐在一起，我心里真的好难过。

我特别羡慕那些活泼外向的同学，他们总是很受欢迎。我真的很羡慕，羡慕到了嫉妒的程度。我是多么想敞开心扉，和朋友们分享快乐和烦恼呀！

也许因为我是一个中等生吧，根本没法和好学生在一起玩，我大概也知道他们不理我的原因。

学习好的那一大帮人，喜欢“非主流”的东西，也喜欢听歌。而我不喜欢“非主流”那种黑乎乎、沉甸甸的东西，对歌也没什么兴趣。但是，我喜欢动漫人物，可爱一点的，比如：史努比、哆啦A梦……

另一方面，也许我还有些小气。我特别爱生气。比如和同学闹了点小矛盾，人家一会儿就忘记了，我却老记着。这样不仅与同学相处很别扭，自己也特别不开心。我是一个小心眼的人吗？我该怎样改正呢？

就因为我是一个中等生，所以班主任老师调座位时，不会考虑我的感受。本来，我是和我的好朋友朱华倩坐同桌的，但老师想让差生钱晓雯和我坐同桌，于是，我就乖乖地同意了，坐到了朱华倩的后面。自从朱华倩坐到我的前面后，就不再和我玩了。

有一次，最后两节课是活动课，老师让我们出去玩。我想和我最后也是唯一的好朋友沈一帆一起去玩，可没想到朱华倩早已约了她，我只好和她们一起玩。玩滚筒时，我占了朱华倩的位置，她毫不留情地把我赶了下去。我很伤心，沈一帆就叫上我去玩另一个滚筒。朱华倩见我们那么要好，就不理不睬地走了。

晚上回到家，我连觉都睡不安稳，老想着白天的事。朱华倩气哼哼的样子老在我的眼前晃啊晃的，我心里好别扭。我和她怎样才能重新成为好朋友呢？

赵静姐姐，我的脾气是不是很古怪？我和你写的小说《烦恼就像巧克力》系列里的隐形人陈小绵一样在班上备受冷落。难道我也要像陈小绵一样，在忍无可忍之际，吼出内心的伤感吗？

透明人　女生　五年级

作者支着儿

亲爱的透明人，你对自己看得“很透”哦。只是你在遇到困惑的时候，不知道如何去处理。

你现在需要做的，就是要变得勇敢一些，自信一些，“忘我”一些……这种改变，“第一次”非常艰难，但随后的日子，就按“第一次”的样子去做就OK了。不久的将来，你就会发现，你的好人缘又回到了你的身边。

从现在开始，你应该开始“丰富多彩”的第一次了哦。

见了亲朋好友，见了老师和同学，让脸上的笑肌提起，深吸一口气，清清嗓子，然后大声地说声“您好”或“你好”，让脸上的笑容多保持一会儿。

你想静静地待着，那就待着吧。只是当你羡慕甚至嫉妒大家嬉笑打闹时，就别“端着”了，赶紧起身加入他们。他们可比你快活多了，你要做的，就是去增添快乐。

别人又不是你肚子里的蛔虫，哪里知道你何时想安静、何时想嬉笑呢？人不可能永远热闹，也不可能永远安静，你只要跟着自己的感觉走，就应该很快乐，对吧？

人的兴趣爱好是有差别的，那就让它“差别”去吧。如果爱好都一样，那这个世界也太无趣了。他们去喜欢他们的“非主流”，你也尽管去喜欢你的可爱动漫人物好了。自信一些，去和他们交流一下各自的爱好，没准又有了新的话题哦。

好生与差生的标准，不是以考分来定论的。所以，你和你的同学没有差生和好生之分，只有个性和爱好之别。抹掉你心中的“标尺”，找谁玩一个样，没必要一对一，大家一起玩、轮流玩，玩它个满面红光，玩它个汗流浃背，哪有不爽的道理？

我所说的“忘我”，意思是，在和同学相处中，不要太在意别人的看法。比如在大巴上，你想坐在哪儿就坐在哪儿，只要是空位就行。顾忌多了，反而交不到朋友的。

顺便纠正一下，你说你“冷漠”，其实不是，安静与冷漠完全是两回事嘛。

你并不冷漠，反而有一颗火热的心。

说实在的，你如果真正做到了上面说的“第一次”，估计大家都要抢着和你一起坐了，到时，你肯定会想：我如果有“分身术”就好了。

你可以继续保持“安静”，只要敞开心扉，你很快就可以分享大家的快乐与烦恼的；你也可以找他们热闹去。至于做何选择，你就跟着自己的感觉走吧！

第二节　做学生成长的知心人

一、情境再现：成长路上有我呢

（一）家校联手促情感沟通

【案例】　　　　　　　　和家长牵手

小毅在班里拉起了一支捣乱的队伍，常常以自己为首，让周围的学生很是崇拜他的敢作敢为。在体育课上，他更是出尽风头。六年级时，体育老师姓索，他就在班里成立“钥匙党”，课间很多学生跟着他用纸折叠了许多钥匙在教室里扔，嘴里不断说着要用这些钥匙去打开那把“锁(索)”。班主任找他谈了几次话，效果不佳。课间他也对老师不尊重，故意对着老师说脏话。当时班主任就像消防员一样，天天为了他救火，生怕他闹事，什么课都跟着。

我是小毅的英语老师，我下定决心，无论多难都要把对他的教育坚持到底。一天下午，我请了他的父母和孩子一起坐在语音教室里。我刻意安排我和家长围坐成一个圆圈，让彼此都能看到对方的脸。孩子坐在父母的中间。从一开始我们就是以商量的口吻，以解决问题的态度谈他的表现。我首先讲了很多他课堂上的表现，让他听听我的描述有没有不恰当的。在得到他的肯定后，我让他也讲讲做这些事的原因。父母当时很吃惊，不相信这是他所为。我把班主任和数学老师也叫了过来，让大家说说他的表现，并始终以询问的口吻了解他自己是怎么想的。

其实小毅自己有时也很苦恼。他想和同学们交朋友、与老师沟通，却苦于找不到方式，以至于每次都采取过激行为。我们就这样一点一点打开他的心锁，并让他看到我们和家长是真正关心他、爱护他的。此后，班主任做了很多工作，不断家访，及时肯定孩子进步。当家长再次主动来学校了解孩子情况时，我们都感受到了孩子的转变。在他上高二要离开北京出国的时候，我和班主任都精心准备了礼物送给他，当时他很动情地拥抱了我。孩子的心灵深处需要呵护，他们心灵的窗户是最明亮的。每个孩子都有柔软的一面，都爱自己的父母，我们应和家长手拉手，一起和孩子走过成长的岁月。

【案例反思】怎样的家校合作才是有效的家校合作？

（二）合理引导异性交往

【案例】　等等看

两年前，默默即将小学毕业，她和其他的六年级学生一样，已经进入了青春期。她是彝族女孩，外表出众，嗓音甜美，性格温柔，乖巧懂事，学习自觉性强，属于人见人爱的孩子。班里的女生经常会开玩笑地说："王老师，咱们班同学都喜欢默默，尤其是男生!"开始，我听了呵呵一笑，没有太放在心上。毕竟，对于一个多年教小学毕业班的中年教师来说，少男少女对异性的懵懂与关注并不意外。

但接下来发生的事情，让我有了担心。班里一位男生小博，学习比较吃力，有过随便拿班级公物和同学东西的经历。最近学习更是心不在焉，丢三落四，成绩继续下滑。他总是有意无意地送默默礼物，开始是笔和本子等并不贵重的学具，后来是首饰，甚至是金项链！他家里很有钱，平时花钱很大方。这是小博的妈妈发现自己的项链不翼而飞后，给我打电话沟通，我才知道的。小博已经向妈妈承认了错误，并且要回了金项链，还给了妈妈。但是，凭着多年的班主任经验，我打算继续观察这两个孩子的交往情况。

上课，他俩离得较远，没有接触的可能，但是，我发现小博总是有意无意地往默默的方向看着，注意力不是很集中。下课，小博会出去，过一会儿，默默也会出去，有时候，我假装出去转转，会发现他们俩在楼道一角聊天，见到我后，会自动分开。我跟同学聊天时，会聊到默默，孩子们说他们俩有时候放学会一起走。综合这些情况，我有了初步的判断，两个孩子的友谊已经超越了普通同学的关系了，我准备找小博聊一聊。

一天放学，我留下了小博，因为该生作业本错题越来越多。班里只剩我们俩，我讲完了最后一道题目，和颜悦色地说："小博，王老师想和你聊会儿天，能耽误你一会儿时间吗?"我温和地注视着他的表情，他愣了一下，一边收拾书包，一边回答："好的，老师。"

"最近的学习状况可不稳定啊，单元成绩又下滑了，怎么搞的？我听说，你和默默最近总是一起放学，不会是搬家的原因，离得近吧?"（据我了解，他们俩住在两个方向，根本不可能顺路）小博故作轻松地回答：“我就是想请教她一些问题，没什么的。”我继续不紧不慢地说：“是啊，偶尔问问能理解，但是总是在一起，同学们都开你俩的玩笑呢！”他脸有些红，口气不流畅了：“他们——总是——爱嚼舌头，老师——老师，我不会——生气的！”我话锋一转：“小博，王老师也没有别的意思，只是觉得你俩这样，总是躲开大家，免不了会让同学们误会，毕竟你们还不到12岁。我是说，我也是从你们那么大过来的，对某个同学有好感是很正常的，但如果像你俩这样，王老师就要担心了。”小博若有所思地点点头：“王老师，我对默默是有好感，她总是帮助我学习，我很感谢她，所以送她礼物。”我继续耐心地说：“小博，想不想听听王老师的建议？”他点点头。“同学之间需要友谊，王老师希望你们每个人都有好朋友、好伙伴，但是因为这样就影响了学习，是不明智的。再有，总是送一个同学礼物，特别是一个女同学，好像确实容易惹人猜测哟！”

经过这次谈话，小博和默默的交往的确有了改变，两个孩子故意回避着什么。默默看我的眼神也格外敏感，我利用中午休息的时间，约默默来到了校园里，我拉着她的手，注视着她白皙的皮肤和水灵灵的大眼睛，开始我们的谈话。

“默默，你知道王老师有多喜欢你吗？”她微笑着点头。看着这么可爱的女孩，我动情地说：“默默，你知道，王老师甚至想，如果你是我的女儿，那该多好啊！”小姑娘笑成了一朵花，她羞涩地握紧了我的手，一脸幸福。“但是，我最近很担心你，因为，我发现小博总是围着你转，你看他的学习更费力了，你知道为什么吗？”女孩不语，我继续说：“我觉得这里面有你的原因！”她低下了头，还是不语。“王老师下面的话也许你不爱听，但是，我一定要说：喜欢一个人、喜欢一个男孩子是很正常的事情，到了大学，等我们的判断力更成熟了，我们就会凭自己的判断，选择一个优秀的男生交往，我希望你能听懂也应该听懂，小博以我的眼光来看，并不是那么优秀，我不知道你为什么愿意与他交往？”

默默又是半天不说话，也许在思考怎么回答我，这个问题真的不好回答。终于，她开口了：“王老师，我懂你的意思，小博对我真的特别好，特别照顾，虽然他学习成绩不好，但是我就是觉得他人挺热情的。”默默的简单让我很意外，我更直接了："热情是优点，但是，每个男孩子追求女孩子都会很热情的，否则也追不到啊！"默默笑了，我也笑了："我是说，默默，你会遇到更热情、更出色的男孩子，也许你再等等看，就懂老师的心了！"

在我持续不断的"干预"下，默默和小博渐渐疏远了，小博的成绩也开始缓慢地回升。当然，我会继续和两个孩子谈心，观察他们的变化，注意悉心引导。

已经上初中的默默在QQ里给我留言："王老师，谢谢你当年的提醒，我记着你的话呢——等等看！"

【案例反思】如何看待王老师的"干预"？

（三）呵护脆弱的心灵

【案例】　孩子，我为你默默地祝福

我教小天已经快3年了，她是一个很聪明的女孩子，每一天对于她来说都是快乐的。她每天笑着进教室，与同学度过开心的一天，最后高高兴兴地离开。我想，父亲去世的消息对于她来说是巨大的打击，见到她，我一定要好好劝导她、安慰她。然而，事情和我想的完全不同。开学后的小天，居然和以前没有什么区别，依旧快快乐乐，课上课下和同学聊着天，在日记里写着每天的乐事，似乎什么也没发生过一样。我看着她，几次话到嘴边，都咽了下去。我想她既然准备遗忘，又何必让她回忆那伤心的经历呢？在后来的日子里，我一直关注着她，这种关注和以往的关注大不相同。每次当她在课堂随便说话，应该受到批评的时候，我都会刻意地大事化小，小事化了，能不批评就不批评。有时候她和同学吵架，我都会站在她一边，帮她说话。直到有一次，她再次违反纪律，并且拒不承认的时候，我只好把她单独留了下来。

小天表现出毫不在意的样子。我握着她的手，看着她的眼睛，慢慢对她说："小天，我知道你生活中发生了很大的变化。"她看着我，强忍着，什么也没说。"看到你每一天的笑脸，我都为你、为你妈妈感到高兴，你真的很懂事！"小天低下头，眼中有了泪光。"你现在六年级了，可是妈妈在教初三，她一定特别忙碌，对不对？"小天点点头，一滴泪水滴到了我的手上。"你每天的快乐是让妈妈放心，而你在学业上的努力更会让妈妈安心，你知道吗？"我一边说着，一边眼泪也掉了下来。小天哭出了声，我不知道该说什么，把孩子抱在了怀里，她痛哭了起来。

过了一会儿，我们慢慢平静下来。我找来纸巾给她擦干眼泪，“小天，你这么聪明，我说的话，你是懂得的。妈妈在这学期给你报了数学班，爷爷天天来接你去上学，他们的期望你一定明白，我也相信你能做到。”小天点点头，说：“我以后上课会注意的，我会好好听讲的。”我拍了拍她的头：“回去吧，有什么需要我帮助的，可以跟我说，不要憋在心里。”小天微微一笑，点点头，高兴地走了。

这次谈话，其实我并没有说什么，因为我感到小天内心里对自我的保护：失去父亲，对于一个女孩子来说，是失去了生命中一个最重要的人，那种悲伤，她不知道该怎样表达。更何况家中有白发人送黑发人的爷爷奶奶和要独自面对压力的母亲，她不愿意让别人知道她的悲伤，更不能把悲伤带给自己最亲近的人。于是她就自己承受着悲伤，而这样的负面情绪影响到了她的学业。在谈话中，我没有去谈论她父亲的离世，而是引导她信任我。我更希望她自己对我说出她的心情、说出她的悲伤，虽然她现在做不到，但我知道这次谈话对她有所触动。虽然我只是她的老师，但是一样可以给她心灵的慰藉。

日子一天天过去，寒假过后，我收上来全班的假期日记，小天的日记让我潸然泪下。日记的题目是《没有爸爸的第一个春节》，小天写道：“每年我是多么盼望春节到来，我就可以到上海和爸爸一起过年，可今年我一点儿也不盼望了，因为我亲爱的爸爸永远离开了我们。”这是她第一次提到父亲离世，后面写了一家人在亲戚的陪同下过年，在那热闹的气氛中，大家心中却有着无法挥去的悲伤。最后她回到自己的小屋里，看着往年的照片，流下了泪水。最后一段是“我知道光思念是不行的，我应该像爸爸说的那样‘自助者天助也’，和家人好好生活，我想这也是爸爸在天之灵希望看到的。我们一家人要好好生活下去，过好每一天”。这篇日记孩子写了一千多字，每一个字都工工整整，似乎每写一个字，她都在向那个最爱她的人诉说着自己的思念，也诉说着自己的坚强。小天不再沉浸在无边的伤感中，她站起来了。的确如此，小天越来越努力，小学毕业时考上了理想的中学。

【案例反思】面对学生成长中的关键事件，我们该如何做？

二、主题工作坊：学会倾听，学会表达

（一）倾听不易

在情感教育的引导中，我们最不能忽略的一个环节就是倾听。孩子是教育的主体，我们应该去了解他们要做什么，而不是按照成人的思维想当然地认为孩子应该怎样。让孩子诉说，在这个过程中给他一个亲近柔和的表情、一个认真倾听的姿势，让孩子在轻松自由的环境中释放自己、表达情感，展露出他的秘密城堡。倾听是一种尊重，是情感教育中沟通的桥梁；倾听是一种相信，让我们怀着一种开放的心态去看待孩子成长中的问题。在孩子的成长过程中，我们需要做个好听众，全神贯注地倾听，并不时用语言和眼神鼓励他们继续说下去。每个人都有被倾听的欲望，尤其是孩子，他们需要诉说他们成长中的喜怒哀乐；孩子也是敏感的，当他们发现你不愿意听其所说时，就会缄口不言。倾听，貌似简单的动作，做起来其实很不容易。

【故事链接】　　　　　　我还要回来

美国著名主持人林克莱特在节目中访问一个想当飞行员的小朋友："长大了想做什么呀?"小孩子说："我要当飞行员。"接着林克莱特问道："如果有一天，你的飞机飞到太平洋上空，所有引擎都熄火了，你会怎么办?"小朋友的回答是："我先告诉飞机上的人绑好安全带，然后我挂上我的降落伞，跳下去……"当现场的观众笑得东倒西歪时，林克莱特继续注视着这个孩子，没想到这个孩子的两行热泪夺眶而出。于是林克莱特问他："为什么要这么做?"孩子回答："我要去拿燃料，我还要回来！我还要回来!"非常震撼！林克莱特与众不同之处，在于他能够让孩子把话说完，并且在现场的观众笑得东倒西歪时，仍保持着倾听者应该具有的一份亲切、一份平和、一份耐心，让他听到这名小朋友最善良、最纯真、最清澈的心语，和孩子一起感受最善良的心情。若是主持人不懂倾听，我们永远无法了解孩子的真实想法，从而给他下一个错误的判断，孩子也许就此被贴上了"自私"的标签。

（二）如何倾听

教育是塑造心灵的艺术，情感教育更是从心与心之间的对话开始的，倾听就是用一颗心去感受另一颗心的跳动，用一种爱与另一种爱产生共鸣。如

何倾听？我们需要注视着他们的眼睛，最好是面带微笑，这样即使你一言不发，他们也可以感受到你的真诚；我们还需要与孩子互动，鼓励他们讲下去，从他们的话语中，我们会发现一个不同的世界。我们懂得了倾听，才能了解孩子的心灵，为孩子营造一个自由的空间，让他们发挥特长，在自由与快乐中学习成长。

【做中学】　　　　在学生群体中使用倾听技巧

1. 问开放式问题：这意味着答案不是是与否，例如："你们觉得我刚刚概括的框架是什么？"

2. 澄清：检查你是否听得很精确。例如："让我来确认一下是否理解了你说的这些东西——你的核心观点是……"

3. 反馈感受：当学生在表达完之后，给学生反馈。例如："你听起来好像既惊讶又放松。"

4. 同理心：向学生展示你对他们的接受与欣赏。例如："你今天肯定很紧张。"如果你的陈述招来了消极的情感体验，记得要立即补上积极的陈述。

美国心理咨询家基伯森指出："学会倾听是心理辅导的先决条件。心理辅导条件下的倾听不同于一般社交谈话中的聆听，它要求辅导教师认真地听对方讲话，认同其内心体验，接受其思维方式，以求设身处地地思考与反馈之功。"面对孩子，我们更需要去倾听，倾听了他们的内心世界后，才能制定出行之有效的教育方法；同时，也能够更好地了解孩子的学习状况，为他们提供指导。我们不能单纯地向孩子灌输自己的思想，应该学会积极倾听，倾听是一种艺术，也是一种技巧。

倾听，不是听见，"倾"不仅包含有"真诚"的含义，还有"细心""专注"的意思，这就绝不仅仅是用耳朵听其音，还包括用大脑辨其义。学会倾听至少有两层意思：一是出于一种礼貌或者说对诉说者的尊重，在听别人说话时，要用心、细心、耐心，不要武断地打断孩子的诉说，这是教育者应该有的起码素养。二是要会听，所谓会听就是要善于边听边想，思考别人说的话的意思，能记住别人讲话的重点和要点，或者一边听一边分析，通过"前言"推出"后语"，通过谈吐洞察内心。这是一种技巧，更是一种教育的智慧。倾听是一种尊重，在孩子幼小的心灵中，他们渴望得到这份尊重。教师应该为倾听营造一种安全、温暖的氛围，让学生最大限度地倾吐自己的心声，获得一种自我价值感，这对于那些急需获得接纳和信任的孩子来说具有明显的教育效果。

我们倾听孩子说话要有耐心。孩子的语言有时候比较零散或混乱，观点不是那么明晰或逻辑性不强，我们应该鼓励孩子把话说完，不要随意打断他们。孩子往往希望得到教师的理解和支持，我们可以用“对的”“是这样”“你说得很好”等或点头微笑等表示赞同，鼓励孩子继续说下去。当然，我们要对孩子说的话适时做出反馈，这样才能起到激励作用。如果谈话进行不下去，我们可以用“什么”“怎样”“为什么”等词语发问，引导孩子说下去。

【反思港】　　不良听众的十种类型，你属于哪种

(1)抱怨者；(2)全能全知者；(3)业余心理学家；(4)乐观主义者；(5)侦探；(6)魔术师(否认问题的存在，通过切换主题让它消失)；(7)原告；(8)故事演讲者(只是关注自己与他人故事的共同点)；(9)推迟者；(10)控制者。

三、认知堂：高年级学生身心发展与情感发展的特点

（一）高年级学生身心发展的特点

在生理方面，小学高年级学生各种身体器官的发育比之小学低年级学生有了很大提高，特别是大脑重量的增加十分显著，12岁儿童的脑重量为1400克，已经接近成人。他们的脑枕叶、颞叶基本成熟，大脑高级神经系统活动的机能进一步加强，睡眠时间需要9～10小时。他们的身高、体重平稳发展，活动量逐渐增加。但是骨骼比较柔软，还没有钙化(骨骼钙化需要到身体发育完全成熟时才能完成)。大多数女生的身体发育要早于男生，许多小学五六年级(11～12岁)的女生和少数男生已经进入青春期。

在心理方面，小学高年级学生的生理发展特别是神经系统的迅速发展，是他们心理发展的生理机制和物质基础。在这个基础上，小学高年级学生的心理发展比之小学低年级学生也发生了很大变化。女生的心理发展相对于男生而言较为成熟。首先，思维发展水平由具体形象思维向抽象逻辑思维过渡，这是一个量变到质变的飞跃过程，四年级以后抽象逻辑思维成为他们的主要思维形式。其次，言语发展水平由口头语言向书面语言过渡，阅读能力也由

朗读向默读发展。再次，情感发展由易变性向稳定性过渡，小学五年级学生情感调控能力有较大提高，随着学生情感生活的不断丰富，他们的道德感、理智感、友谊感、责任感、审美感、集体荣誉感也有了进一步的发展，依赖的重心由家庭逐渐转移到学校，同伴关系、友谊成了影响学生的重要因素。然后，意志发展水平由弱到强、由他律向自律过渡。他们的行动从受外界教师家长的权威约束、调节逐步发展到受内部自我认识制约、调节。意志行动的动机和目的性有显著提高，自觉克服困难的意志力不断增强。但是，小学阶段学生的意志发展水平只是初步的，还不稳定。最后，品德发展水平在认识方面由直观、具体、肤浅的认识向比较抽象、本质的认识过渡，在评价方面由只注意行为的效果向比较全面地考虑动机和效果的统一过渡，在行为方面知行统一与知行脱节的比例逐渐拉大。由于多种因素的影响，高年级学生知行脱节的行为明显增多。男生的不良行为多于女生。

（二）高年级学生情感发展的特点

小学高年级学生处于儿童期向青春期过渡的关键时期，在这个心理发展的骤变期，他们的自我意识及独立意识都有明显的增强，成长中面临着各种人生课题，由此也产生了越来越多的烦恼和焦虑。同时，性心理趋向成熟、心理断乳等一系列问题也困扰着他们稚嫩的心灵。

首先，情感自控性增强。在低年级学生身上时常可以看到学前儿童那种容易冲动、外露、可控性比较差的情感特点。随着年级的升高，他们调控自己情感的能力逐渐发展起来。他们能根据学校的纪律要求约束自己的情感，同时，也能够逐渐理解并遵守班级、学校乃至社会公德。

其次，情感趋于稳定。在整个小学阶段，学生的情感带有很大的情境性，容易受具体事物、具体情景的支配，并且，他们的喜、怒、哀、乐会明显地表露出来，这在小学低年级学生身上表现得尤为明显。随着知识经验的丰富、抽象逻辑思维能力的发展，以及自我意识水平的提高，小学生情感的稳定性会逐渐增强，自我尊重及希望获得他人的尊重的需要日益强烈。许多案例都是涉及学生的自尊自信问题。

最后，情感的内容日益丰富和深化。随着小学生认识的发展，情感的内容也日益复杂和深刻。中高年级小学生对人和事物的态度则越来越接近于事物内在的本质和特征。同时，儿童高级的社会情感也开始逐步发展，小学生的道德感、美感、理智感、责任感、集体荣誉感、友谊感逐步发展起来。此外，小学高年级越来越多的孩子在步入青春期的同时，出现叛逆心理，与教师顶撞对立的行为并不少见，许多案例也涉及这一点。

（三）教师情感表达的原则与策略

1. 教师情感表达的原则

小学高年级的学生思想开始成熟，他们不仅希望成为教师心目中的好学生，获取教师的赞赏和关爱，更希望能受到尊重并能与教师平等沟通和交流。高年级的学生随着自我意识的不断发展，发言时往往比低年级学生更容易紧张，怕说错，信心不足，他们需要更多的鼓励和肯定。因此，教师在课堂上要多使用鼓励的语言，并对学生的点滴进步给予肯定和赞许；要坚持理性原则与自然真实原则并重，公正原则与关怀原则相结合；各种情感表达的方式均可采用，依据个人风格、教育情境进行选择；坚持内容与方式相互一致原则，健康的良好的规则需要伴随着健康快乐的情感来进行。

2. 教师自身情感表达的策略

教师关注学生的情绪生活和情感体验，提升个人的情感修养与情绪管理技能，走出教师只偏爱“好”学生的误区；教师应该加强与学生的交流，进行一对一的谈心，开展谈心活动时，教师在学生面前要表现出一个真实的自我，用诚恳的态度对待他们，取得他们的信任。而学生只有在感觉到教师是他的知己/朋友时，才能敞开心扉，把他们心里的郁闷情绪宣泄出来，摆脱不良情绪的困扰。教师在教学实践和日常生活中，应不断提升自身素养，为学生树立一个积极进取、开朗平和的形象，使学生潜移默化地受到影响。

3. 教师对待学生的策略与方法

要具有教育的敏感性，发现问题，把握教育契机；要掌握了解情况，适时赏识、肯定；积极关注，与兴趣链接，委以重任以调动积极性；冷处理，留给学生思考、反思的时间；平等的姿态，不端着；共情，获得认同与信任，拉近关系。

4. 应避免的问题

区分儿童的生理、心理和道德问题，避免对儿童进行品德上的错误判断；

避免过度阐释儿童的心理，具体以儿童的言行、性格、经历为依据；避免愤怒、悲观、失望等负面情绪过度呈现给学生；理解不等于迁就，避免无道德原则的迁就。

【反思港】　　　　　　　审视你目前的行为

1. 我在整节课中每一时刻注意到全体学生的情绪了吗？
2. 我是如何感知到这些情绪的？
3. 我回应这些情绪状态了吗？
4. 我注意到每一个时刻个体的情感了吗？
5. 我是如何意识到这些情感的？
6. 我是如何回应这些情感的？

四、百宝箱

（一）如何与学生发生联系

下面是一些你如何看待你与学生之间关系的比喻：

- 执法人员与潜在罪犯
- 护理员与脆弱的病人
- 律师与陪审团
- 售货员与潜在顾客
- 牧师与有罪的人
- 牧羊犬与羊
- 网络与网民
- 领袖与追随者
- 园丁与植物
- 导游与游客

选择一个最合适的比喻来形容作为教师的你，你也可以写一个适合你自己的比喻。

在这里写下最合适的比喻：________________________________

现在问一问：

你为你自己所选择的角色有哪些品质和态度类型？

你接受的那种联系你的学习者的角色的感觉是什么？

现在选择另外一种比喻写在下面：________________________

再次问问题：

(1)你为你自己所选择的角色有哪些品质和态度类型？

(2)你接受的那种联系你的学习者的角色的感觉是什么？

(3)能够帮助你的学生获得这些感觉的最好的角色是什么？

（二）“在场”的测试

当你在教室里和一群学生在一起的时候，你是一种物理上的在场，但是要问的问题是：“我完全在这里吗？”“在场”意味着活在当下，意味着你准备好对意想不到的事情做出适当的回应。在场是所有展示情感能力的行为的先决条件，如果你想与你的学生有真正的交流，你必须活在当下。这个活动提供了这个机会让你去回忆你的学生在场的程度。独立完成下列问卷，你越同意这些，你就越在场。

表 3-1　问卷调查表

A＝从不　B＝很少　C＝有时候　D＝经常　E＝总是

	A	B	C	D	E
我做什么和说什么大部分是由学生的做和说决定的					
我发现我自己总是选择最好的语言，而不是坚持一个脚本					
我准备好了展现我整个学期中学到的东西					
我准备好了展现我已经改变的观念					
我模仿别人冒险或者试验					
我认识到我不知道如何去收集材料					
我期望我将会听到我以前没有听到过的问题和评论					
我与学生商议项目中的时间选择问题					
我与学生商议项目中的内容					
我有一些我可能不会使用的材料					

五、拓展阅读

佐藤学对“倾听”的认识

佐藤学先生在《静悄悄的革命》中特别谈到倾听。佐藤学为什么如此重视

"倾听"？这是他的教学理论所决定的，因为他所看重的是对话，师生之间的对话，生生之间的对话，他认为只有在一个相互协作、充满活力的对话式教室中才存在真正的教学，才有所谓学习的快乐和教育的幸福。在他眼里，教学方法包含四个要素：教师、教材、学生、学习环境，这四个要素的相互变化构成了教室里的生活世界。"学生自立、自律的学习必须在与教师的互动中，在教材、教室中的学生及学习环境的关系中来加以认识。学习只有在与教师、教材、学生、环境的相互关系中，才能够得以生成、发展"，儿童的主体性要在这些关系相互作用下才能产生。我们教师总是要求学生听讲，其实是要求学生"倾听"教师讲的。教师首先不去"倾听"学生，如何要求学生来听讲呢？教师不仅要倾听学生的声音，而且要倾听学生未能表达的内在的声音，"教师边与每个学生谈话，边侧耳静听每个学生尚未说出的话语"，"那些在学习上不多言语，然而善于倾听的学生"应该被评为优秀。只要我们教师学会了"倾听"，对于那些上课发言不积极的现象，我们或许会多一些理解。

我们怎样才能做到"倾听"呢？首先思想上要有对"倾听"的认识，其次要有过硬的业务水平，还要有灵活机智的教学方法。教师的爱岗敬业、对学生的爱心、灵活的教法就要体现在和学生的交往互动上，体现在通过"倾听"得到学生发出的和未发出的声音，体现在让学生自立、合作地进行活动，使得"学生的各种看法和想象相互碰撞激荡，回响共鸣"，形成教室里的"交响乐团"。

佐藤学先生认为，在以学生的"学"为中心的课堂，教师的活动可以分为两种形式：一种是与每个学生对应的互动，这就是佐藤学所认为的"服装裁剪式教学"，学生的学习乃是不断地从个体发出，又回归到个体的，因此教师的活动也应当从对应学生个体出发，回归到学生个体上去。这样的学习活动就像量体裁衣那样去对应每个学生的个性，创造课程。另一种是与学生各种各样的想法、认识相互激荡回响的活动。这样的课堂好像不同乐器的声音相互协调而产生了交响乐那样，称之为"交响乐式教学"。"服装裁剪式教学"与"交响乐式教学"，含义深刻，让人深思。要达到这样的境界，需要我们教师在授课、进行集体性思考或探究活动时，能看清、识别每个学生的学习是通过哪些活动而与其他学生相互作用的。看教师是否能够尊重每个学生微妙的差别，并积极倡导异向交往。

佐藤学先生提到："善于学习的学生通常都是善于倾听的儿童，只爱自己说话而不倾听别人说话的儿童是不可能学得好的。……学习，是从身心向他人敞开，接纳异质的未知的东西开始的，是靠'被动的能动行为'来实现的行为。"教师的倾听，不仅仅是倾听学生发言的内容，判断发言的对错、语言的精彩，还要仔细倾听孩子发言中所传递出来的关于心情、想法的信息，要和孩子心心相印，从而产生情感共鸣。孩子的倾听，不仅仅是倾听教师的讲解、指导，倾听同学的发言，还会在倾听的过程中接收到隐藏着的心声，从而激起情感的共鸣。细心倾听者能从中听到心灵的声音。就如佐藤学先生所说的："在以自然的轻声细语来交往的教室环境里，更能培养自立、合作的学习者。"

第三节　做自己情绪的调节师

一、情境再现：我的愤怒我做主

【案例】　　面对"火娃"

我在办公室判作业，美术课代表风风火火地跑进来："老师，老师，出事了，小宇又打人了，我们都劝不开！"我快速放下笔，随着孩子来到美术教室，老师说小宇和小亮没有来，美术课代表说："老师，没准他们回到教室继续打呢！"我又火速奔向教室。

离教室还有 20 米，便清楚地听见小宇的吼声。

我推开门，看到怒气冲冲的小宇正在冲着小亮大吼："你再说一遍试试，看我怎么收拾你！"一张小脸已经被愤怒扭曲了！而小亮坐在座位上，不吭声，眼神里掠过一丝恐惧。小宇看到我进来，怒气并未消除。

我抓住他的手，把他拉到教室一角，打算先平息他的怒火，调查一下冲突的原委。谁知，小宇一把甩开我的手，继续大吼："老师，你别劝我，否则我跟你急！"两个眼睛像两个喷火的球！

我着实被吓到了，说实话，头一次遭遇这么大火气的学生，居然连老师的面子都不给！作为一个有着十多年教龄的班主任，我既感到尴尬，又感到生气！

我试图让自己冷静下来，“火娃”小宇一贯脾气火爆，但是跟老师这样无理，还是头一次，我推想一定是有什么原因，因此并没有采取下一步的措施。我试着和缓地说道：“小宇，老师先等你消气了，再和你说话好吗?”我默默地走到小亮面前，打算先和小亮开始谈天，谁知道，小宇居然冲过来，拦在我面前：“老师，我先说，他会恶人先告状!”我知道小宇打算主动倾诉了，拉了一把椅子，请他坐下。

在小宇的讲述中，我基本明白了矛盾的焦点。小宇是体育委员，小亮在队伍里说话，小宇去制止，小亮不服，说：“班干部管理粗暴！凭什么听他的!”小宇提醒他再说就动手，结果小亮没敢说，等到小宇管别人的时候，小亮又小声说了一遍表达不满，被其他同学转告小宇，小宇就忍不住动手打小亮了，同学们都劝不开，只好都去上美术课了。小宇把小亮拉拉扯扯带回教室，想自己摆平这事儿。

在小宇讲完之后，我没有急于向小亮求证，而是征求小宇的意见：“小宇，你说完了，咱们能听听小亮怎么说吗?”他点点头，虽然看上去好像并不那么情愿，但是毕竟情绪平复了许多。

小亮说的情况基本差不多，只是强调了小宇管他的时候骂脏字，而且态度特别粗暴，谁要是不满，他就扬言揍谁！而且同学们都十分不满。

小宇虽然仍余怒未消，但也没做辩解，从喉咙里吐出了几个字：“谁让你们惹我生气呢?”

下面的话是我好好思考后，极其谨慎耐心地说给小宇的：“孩子，今天的事情，我不知道你怎么想的。我觉得，你让老师很惊讶，不仅仅是你骂人打人，不仅仅是你对老师的不敬，还有你的火爆个性、你对自己情绪的控制能力，这样粗暴的管理，同学们怎么会心服口服？再说了，选你当体育委员是老师和同学们对你的信任啊！真让我失望!”

小宇听得很认真，似乎觉得老师像个大朋友一样知心温和。

“如果今后再遇到些什么事儿，你又气得怒发冲冠，一点就着，跟个炸弹似的，谁还愿意和你做朋友？”

他不好意思地笑了，连连道歉，小亮和我相视一笑。

小宇承诺今后要试着控制自己的情绪，好好说话，绝不动手。

第二天，我送给小宇一本书——《自控力》，虽然12岁的他也许看得似懂非懂，但是他一定明白了老师的用心。

【案例反思】这个火娃的案例很有代表性，很多教师都会发出这样的感慨："越来越难教，个性太强！"这类孩子多以自我需求为中心，与周围的同学和教师等关系有些紧张，不允许委屈发生在自己身上，不允许别人对自己不尊重，更不能误解他，否则就会发脾气、张口骂，甚至拳脚相加。面对这样的孩子，教师应该如何处理？

二、主题工作坊：正确认识负向情感

（一）负向情感不可被忽略

我们如果问教师知不知道负面情绪对学生有不好的影响，回答必然是肯定的；如果再问他们知不知道怎样做才能避免负面情绪，似乎也有人能说出不少的策略。这些教师并不是无能的，他们具备一定的甚至高超的能力来落实那些保证教育的策略。但是，为什么不少教师的负面情绪还是屡见不鲜呢？一位教师曾谈道："有些家长的素质很差，我去家访的时候，他们只顾忙自己的家务，也不打招呼，连杯水都不倒。第二天，在课堂上，我看见这家人的小孩，自然心里还有气，对待这个小孩的态度肯定没有对其他小孩好了。"可见，教育不仅仅涉及"知不知""会不会""能不能"等知识与能力问题，更是涉及"愿不愿"的情绪问题。但是，平时的教学生活中，人们总是要求教师"不食人间烟火"，以达到世俗眼光中的"神圣"。可问题是，教师也是人，人总会有七情六欲。因而教师情绪是不能被忽略的，即使是负面情绪。

当我们看到教师情绪对教育产生负面影响时，通常的反应是要求教师"拒绝"和"排斥"自己的情绪。但是，情绪真的是可以被拒斥的吗？当你"拒绝"它、"排斥"它的时候，它是否就"离你而去"了呢？有位教师讲述了这样一段亲身经历："多年前，我与一个人产生了较大的冲突。这些年来，我虽然表面没什么，内心深处却一直隐隐有些不快。这学期我接一个新班，在别人看来，这群小学生没什么特别，但是对我来说，其中的一个学生太‘特别’了，因为他正是那个人的儿子。虽然我也知道不能趁机‘报复’，但是确实很难做到抹掉以前不快的记忆，甚至有时候不经意间对他流露出的表情，上面都写着‘讨厌’……”可见，情绪作为人性的组成部分，抗拒不了，排斥不掉，它将永远屹立于天地之间，以自身独特的方式，影响着甚至从根本上规定着人的行为。在教育活动中，教师情绪如影随形，无论何时何地、有何种理由，它都是不能也不会被泯灭的，它甚至将从根本上决定着教育质量的高低。教师情绪是不能被“忽略”和“拒斥”的。因此，无论是“忽视”还是“敌视”教师负面情绪，都不可能成为教育研究的应有取向。

活动 1. 认识和调节某一情境下的强烈情绪

根据以下问题反思自己：

(1)你是否对学生表达出的某种情感特别重视或者有强烈的情绪反应，并且你发现自己很难回应学生？如果有，请把学生所说的话写下来。

(2)你把学生说的话写下来以后，看到这些话的第一反应是什么？你会对自己说什么？

(3)你想对学生说什么？

(4)看到学生说的这些话后，你想用哪些词语来描述自己的感受？

(5)回到你的本能反应，反思为什么学生的话会引起你的强烈反应。

(6)假设你能对学生所说的话做出完美的回应，请反思一下你做出这样的回应的动机是什么；你是从自己的利益出发，还是从这位学生的利益出发，抑或是从其他学生的利益出发？

（二）负向情感的来源及归因

1. 赞誉与现实的反差

对于教师职业而言，社会现实与教师角色期待存在一定差距。在中国传统师道尊严文化中，教师受到极高的尊敬，有“天地君亲师”之说为证。社会舆论不惜赞美之辞，将教师比作“人类灵魂的工程师”“辛勤的园丁”“太阳底下最光辉的事业”。教师当然会渴望自己的职业能够赢得社会的尊重和理解，赢得社会的支持和赞誉，以维护其尊严。可当他们发现现实生活中人们对他们的职业的实际态度与书本上、宣传口号中的职业角色和形象不一致，甚至南辕北辙时，往往产生“失落感”，对职业带给个人的价值产生怀疑，甚至苦恼。这种情况下，他们非常容易失去对教育工作的兴趣和动机。另外还有一些人提出“没有教不好的孩子，只有教不好的老师”，这种貌似有理的逻辑，将师生矛盾一概归咎于教师，也使教师多了厌倦的情绪，多了对生活和现实的无奈。其实，孩子的发展受到遗传素质、家庭、社区、同伴关系等系统的影响，并不能把其责任全然归于教师，毕竟教师并非万能的。这样既神化了教师，又诬陷了教师，仿佛教师就是学生问题行为的罪魁祸首。

2. 价值与报酬的背离

对于任何职业，劳动价值决定了其劳动报酬，这是按劳分配的基本原则。教育对促进社会发展的价值毋庸置疑，全世界都承认“当今世界各国的竞争归根结底是科技和人才的竞争，而要想在竞争中占据有利位置，关键在于教育”。可见教育对于人才培养方面起到的效用非常之大。党中央国务院也十分重视教育，在多种场合及决策报告中提出“我们必须把教育摆在优先发展的战略地位”。这也说明党、政府、社会越来越意识到教育的重要价值，对教育开始有一个系统、全面的思考。正是由于教育对社会、对儿童发展的重大贡献，教师职业应当具有较高的劳动报酬和经济待遇。然而《人民日报》调查显示，仅有8%的教师对收入感到满意。教育业从业人员的平均劳动报酬比电力、水、燃气的生产与供应业及信息传输业、计算机行业、金融业从业人员要低很多。本来教师头上神圣的光环可以吸引很多优秀的高校毕业生，但是由于报酬太低，这个行业没有在现实中成为“香饽饽”，少人问津。马克思认为商品经济的核心是等价交换，面对这种“脑体倒挂”“造原子弹的不如卖茶叶蛋的”的社会现实，教师情绪当然会受到影响。收入低、待遇差，意味着自己没本事，所从事的职业对社会没有什么贡献，但这又与社会舆论所形成的推崇教育、强调教育的氛围不相符合。这种劳动价值与劳动报酬的背离，不能不造成教师心理冲突的加剧。

3. 要求对本性的敌视

许多作为“准教师”的师范生或刚入职的新教师时常被告诫，千万别把“情绪”带进课堂。人们常说：有的学生外形可爱、头脑聪慧而且说话“中听”，教师会打心眼儿里喜欢他们，这是人之常情。但是，我们却不能将这种人之常情带入教育活动之中，以致在教育中密切关注自己喜欢的学生，而忽视或放任自己不喜欢的学生。这是教师不能违背的职业操守。这样的看法，反映了教师情绪对教育的影响，但是它看到的仅仅是前者对后者的负面作用，所表现出来的态度是“敌视”教师情绪，是要从根本上排斥教师情绪。之所以“敌视”教师情绪，乃是受社会心理的影响，因为“情绪”通常被人们视作“不好的东西”，甚至是“洪水猛兽”。在人们的心目中，“情绪”一词笼罩着浓浓的贬义“气息”，它被定位为工作顺利进行的“拦路虎”、事业成功路上的“绊脚石”。受这样的刻板印象支配，在通向教育实践的进程中，教师情绪自然要被“拒斥”和“清除”，“理所当然”地被敌视。教师行走在理想与现实的边缘，其生存状况堪忧，隐藏着一些问题，亟待解决。

（三）负向情感的积极价值

从心理学的角度来看，负面情绪的存在对我们人类有三种价值。

1. 情绪的产生价值

情绪的发生主体并不一定感受得到，一些神经学者认为，一部分负面情绪的产生无须经过大脑皮层，会直接由外部事件激发而产生，而其中伴随着的生理变化对我们会有保护作用。当我们的一些负面情绪如愤怒发生时，我们的生理反应一般会是心率变快，神经系统较敏锐，充满力量。正是这样的生理变化，使我们的战斗力得以提高。

2. 情绪的表达价值

有一些负面情绪可以由外部事件直接激发，但是更多的情绪并不是来自外部事件，而是来自于我们对外部事件的判断和评价。如果我们的认知系统判断这件事情对我们不利，我们就会产生负面情绪。负面情绪产生时，表示可能使我们不舒服的事件发生了，我们的表情、声音会把这种情绪不自觉地表达出来，比如悲伤时，我们眼皮会耷拉下来，嘴角下撇，眼神游离，声音微弱。这种情绪的表达对我们而言有着极大的生存价值，因为它可以使别人了解我们的情绪，从而控制别人的行为。如教师经常用愤怒的眼神告诉你：你再不好好听课，要注意了！然后你会变乖。

3. 情绪的行为动机价值

情绪产生后除了表情、声音上的表达，还会给我们的行为提供动机，比如焦虑时找人玩耍、悲伤时找人倾诉等。当我们产生消极情绪时，一般都会出于自我保护的目的采取选择性的行为。这些消极的情绪会产生正面的行为动机，让个体出现保护自己的行为，而这些行为能让我们得以生存或者舒缓心理压力。所以，每种负面情绪都是推动力，它会指引一个方向，也可以提供前行的力量。例如，焦虑和紧张代表你所做的事情对你来说很重要，需要额外的专注和大量的精力去处理。又如，失望是指引方向的情绪，倘若你在某次模拟考试中成绩十分不理想，你心理上的沮丧、紧张油然而生，这将刺激你投入更多的力量到复习中去。再如，适度的紧张使神经系统变敏锐，思维敏捷，效率提高，充满力量。

活动 2. 反思自己处理情绪的方式

本项活动需要教师回忆一下职业生活中有什么事情引起了你特别强烈的情绪感受，以下会提供一系列问题，帮助你下一次遇到类似的情况时可以更好地处理自己的情绪。

(1)选择并讲述一件职业生活中让你有特别强烈的情绪感受的事情。

(2)描述一下事情发生的前因后果，不要急于作评价或者下结论，只是描述清楚就行。

(3)描述你当时的感受。

(4)用几个词来准确表述当时的感受，如气愤、震惊、脆弱等。

(5)你当时的外在表现是什么？

(6)你当时是否能完全地把控自己的情绪？

(7)你能从这件事和你的行为中收获什么或者能从中得出什么结论？

(8)如果同样的事情再发生，你是否还是会产生同样的感受？你是否能够调节自己的感受？你会做些什么？

(9)看下你关于以上 8 个问题的回答，你从这项活动中学会了什么？

三、认知堂：我的情绪我做主——情感调适的策略

（一）情绪的自我觉察

各式各样的情绪经常不知不觉地左右了我们的决定和我们的好恶。这时，我们需要有一个清晰的“觉察”过程，至少让我们明白：到底发生了什么事情？

通过“觉察”来自于更敏锐的静心体会，从听觉、触觉、视觉、嗅觉等途径进入自己体内，深深去感觉。通过“觉察”，可以唤醒我们对“情绪反应”的认识与理解。当我们觉察到愤怒、害怕、喜悦、兴奋、嫉妒等各种情绪反应时，问题可能不在于眼前的这个人，而可能是眼前这个人所代表的自己过去的某一种经历或感受。我们只有通过“觉察”，才有机会将潜意识里的感受、经历真实地呈现出来，并学习去面对和处理。

情绪的自我觉察能力是指了解自己内心的一些想法和心理倾向，以及自己所具有的直觉的能力。自我觉察，即当自己某种情绪刚一出现时便能够察觉，它是情绪智力的核心能力。一个人所具备的、能够监控自己的情绪，以及对经常变化的情绪状态的直觉，是自我理解和心理领悟力的基础。如果一个人不具有这种情绪的自我觉察能力，或者说不认识自己的真实的情绪感受的话，就容易听凭自己的情绪任意摆布，以至于做出许多甚为遗憾的事情来。

【做中学】　　自我觉察的风格

伟大的哲学家苏格拉底的一句“认识你自己”，其实道出了情绪智力的核心与实质。但是，在实际生活中，可以发现，人们在处理自己的情绪与行为表现时风格各异。你可以对照一下，看看自己是哪种风格的人。

表 3-2　自我觉察的风格表

类型	表现	是/否
自我觉知型	当自己的情绪一出现时，不管是积极的情绪，还是消极的情绪，都能够马上察觉到。由于能够对自己的情绪状态有充分的了解，并对自己的情绪有清晰的认识，从而构成了自我掌控情绪的人格，这种情绪风格的人，一般都拥有积极的人生观和价值观，心理健康。如果遇到不顺心的事情或是情绪低落时，不会怨声载道、唉声叹气或萎靡不振，而是努力调适，很快恢复。总之，自我觉知型的人，能够有效地控制与管理自己的情绪，是一个身心健康的人	

续表

类型	表现	是/否
自我沉溺(受控)型	常常把自己卷入情绪的狂风暴雨中而不能自拔，听凭情绪的发作；情绪多变并且反复无常，自己也不清楚怎么回事；陷入情绪的旋涡而不自知，听任自我沉溺于恶劣的情绪之中，但又无力摆脱；常常处于情绪的失控状态，自感被压倒与击溃	
自我认可(放任)型	对自己的感受了解得一清二楚。尽管能够接受并认可自己的情绪，但并不打算去改变某些负面情绪。这一情绪类型还可以划分为三种类型：(1)乐天知命型，这种人平时总是高高兴兴，不愿意也没有必要去改变情绪；(2)放任发泄型，这种人有很强的进取心，但不愿意去重视和了解他人的感受，只想强调自己的感觉，所以放任自己的不良感受，只图得到发泄；(3)悲观绝望型，这种人虽然能够清晰地认识到自己的情绪状态，也明知是某种不良的负面情绪，但采取“顺其自然”的无所谓态度，无论有多么大的烦恼与悲伤，总是采取无所作为的方式来消极应对。许多抑郁症患者的典型表现就是这样，往往是束手待毙于绝望的、痛苦的情绪感受之中	

（二）“箭头向下”自问负向情绪之源

当教师受负面情绪所累时，首先给自己找一个“聆听”自己情绪的独处环境。深入地体会自己正经历的感受是什么，内疚？怨恨？害怕？惊讶？还是哀伤？或者多种情绪混杂？并留意自己此时的身体反应。然后，你需要与情绪“对话”。你的感受一定不是没有原因的，你不妨问问自己如下问题：我怎样形容自己的情绪？是什么人(事)使我有这样的感受？为什么？我的情绪与事实成正比吗？这些情绪与过去的经历有关吗？我准许自己有这样的情绪吗？如果不能，为什么？

有些教师总是觉得闷闷不乐，心情低落，负面情绪占主导地位，是不是他们的境况特别糟呢？也未必，真正深层的原因，是根植在内心的基本信念，它会造成自我挫败感，这些信念是基石，使得这些教师活得很不开心。自我挫败信念是始终伴随着你的一种基本态度，它成了生活理念和价值体系的一部分，是造成情绪抑郁低落的深层原因。例如：我必须从不失败或不犯错误(表现完美主义)；我需要每个人的认可，这样才会认为自己有价值(害怕被批评)；我的价值取决于我的成就(害怕失败)。

箭头向下技术就是在最初的想法出现后，不断地将箭头往下指向，使得问话越来越深入，直至被问者无法回答。此时被问者可以发现自己困惑的真正原因、自己真正害怕的是什么。例如，小李老师工作认真负责，别人觉得他可以去竞选年级组长，小李不敢去，心里又不太高兴，说："如果我竞选，别人不选我怎么办？"用箭头向下技术提问。

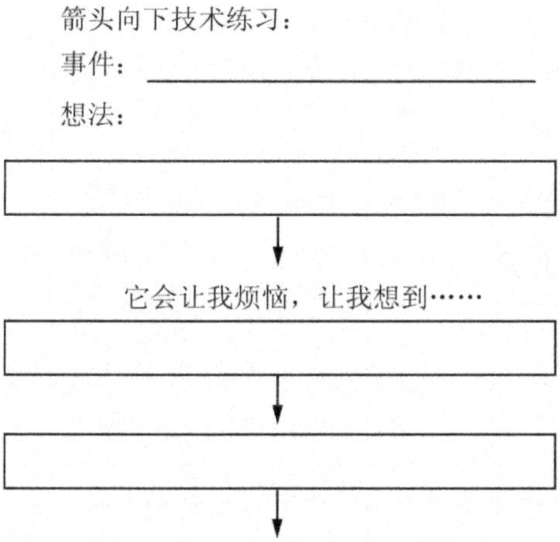

图 3-1　箭头向下技术练习图

【知识链接】　　格式塔疗法

格式塔疗法是美国精神病专家珀尔斯博士创立的心理调节技术，它是心理学界一个重要的学派。这个学派的基本理论认为，人是一个完整的统一体，人的情感和一切其他心理活动及人格都是完整的、有规律的。人的大脑不是被动地接受信息，它可以主动地活动，有把对外的知觉"理解为整体、完形的趋势"。珀尔斯认为，人对自己的情绪、身体状况及所作所为都是有察觉、有体会的，可以自我醒悟，于是他提出了调节情绪的九条原则：

(1)你是生活在"今天"，不要懊悔"昨天"的事，也不要总惦着"明天"的事。

(2)你是"生活在这里"，不要为与你无关的、离你很远的事无端忧愁、苦恼。

(3)停止猜想，面向实际。

(4)暂停思考，多去感受。

(5)也要输进不愉快的情绪。

(6)不要先判断，而要先发表意见。

(7)不要盲目地崇拜偶像和权威。

(8)我就是我。

(9)要对自己负责。

（三）常规的理性情绪调控

1. 理性情绪疗法

理性情绪疗法又称情绪的“ABC”理论，它是由美国心理学家艾里斯提出的。他认为情绪不是由某一诱发性事件本身所引起的，而是由经历了这一事件的个体对这一事件的解释和评价所引起的。理论指出诱发性事件A只是引起情绪及行为反应的间接原因，而B即人们对诱发性事件所持的信念、看法、解释才是引起人的情绪及行为反应的更直接的原因。该理论认为，改变不合理的观念、建立合理的观念，会产生出积极的情绪反应。该理论通过对引发不良情绪的非理性观念的驳斥，达到情绪改善的目的。

A. 将认为引发不良情绪的事件和认识一一列出

B. 找出引发不良情绪的非理性观念

C. 经过对非理性观念的驳斥，找出合理的替代观念

D. 通过建立合理的信念，最后达到情绪感受的改变

理性情绪疗法不但说明了人类情绪困扰产生的原因，也阐释了消除情绪及行为困扰的心理治疗之道。如果我们能够透彻地理解这种理论，经常有意识地运用这种理论，那么我们很难陷入自己设置的情绪陷阱之中。

2. 情绪宣泄法、情绪转移法和自我排解法

不良情绪的缓解和消除最终需要教师在识别情绪性质和分析产生原因的基础上，采取合适的调节策略进行调节。因此，教师需熟悉并掌握一些简单实用的情绪调控法以运用理智驾驭情绪，提升其情绪调节能力。主要包括情绪宣泄法、情绪转移法和自我排解法。

情绪宣泄法是指个体在遭受挫折、产生负面情绪后，通过创造一种情境，使自己可以自由地表达受压抑的情感，让积郁的情绪发泄出去，让紧张的反应放松下来，从而达到平衡身心、缓解压力、消除郁闷情绪的效果。面对社

会各界的期待，教师总是被要求控制自己的情绪，以学生为重。然而情绪积压时间过长或强度过高，对教师、学生和教学工作都有严重的负面影响。因此，掌握适当的情绪宣泄方法可使情绪能量得到释放，平衡并稳定身心。情绪宣泄一般包括身体宣泄和心理宣泄。身体宣泄常见的方法主要是通过各种体育运动释放压力，如跑步、游泳、爬山等运动；心理宣泄的方法通常是倾诉，包括写日记，向家人、朋友倾诉，向心理咨询师倾诉等。

【小策略】

(1)倾听：当学生反映问题时，教师要耐心地倾听，哪怕是所谓“鸡毛蒜皮”，对孩子来讲也是重要的。从孩子的诉说中，教师才可能还原事实的真相，才可能基于此产生更好的判断。

(2)悦纳：对孩子的异常表现，如果只是采取简单的批评，也许并不是最好的办法。悦纳他的不完美，接纳他的“老毛病”。

【活动拓展】

(1)做一个情感释放的小练习：尝试写写最近的不愉快和烦心事，然后撕掉扔进垃圾筐。

(2)借助运动释放不良情绪：通过散步、慢跑、游泳、舞蹈、拳击等运动来释放能量，缓解心里的压力。

情绪转移法是指采取回避刺激，通过转移自己的兴趣、注意力和场景场地以改变情绪的指向，主要包括情绪置换和环境置换。情绪置换是将注意力或兴趣从原来的负面情绪和思维中转移到其他事情上以改变情绪的指向。例如，当教师在教学中遇到困难时，可以多想想美好的情绪体验以降低或抵消消极情绪的强度。环境置换是指暂时离开负面情绪发生的场景场地以避免情绪的继续恶化。比如，当教师在课堂中无法控制自己的情绪时，可以暂时走出教室，冷静之后再回去处理问题，避免情绪激烈做出过激行为。又如，当教师感到身心疲惫时，可利用假期进行短期旅行，以开阔视野、调节心情。音乐疗法是调控情绪的最佳方式之一，体育活动和环境转移也是不错的方法。当事人脱离不良的环境进行运动，有助于改变消极的情绪、调节身心。此外，观看幽默的相声、电影，阅读轻松愉快的小说，观赏令人神往的书画作品，都可以达到转移注意力、舒体宽心的作用。

【小策略】

(1)换位思考：理解学生行为背后的原因，尤其是没有恶意的淘气行为，需要教师具备同理心，悦纳孩子暂时的不良表现。

(2)打破常规：点名提醒或者批评在学校里是比较常用的管理学生的方法，但有时候机智的教师会依据当时的情境打破这样的常规，用生动的内容和素材吸引孩子，从而自然地结束上一个不当的行为。

【活动拓展】

(1)制作小贴士：列出转移学生注意力的10个小妙招。

(2)观看视频：名师课堂中有很多转移注意力、吸引孩子积极学习的片段，观看后可写写感想。

自我排解法主要是指采取一定的途径、方法，通过评价自我和环境，减轻情绪负担，提高耐挫力。主要通过自我鉴赏、自我安慰、自我激励，利用文饰作用、否认作用、投射作用、幻想作用等，来减少内心冲突，寻求心理平衡。

人们创造和总结出来的各种调适不良情绪的方法，大体可以分为四个类别：一是事前设防；二是主观控制；三是设法缓冲；四是适当宣泄。事实上，每个人的情绪体验都应该是很丰富的，只要你真正重视情绪问题，用不了多久，就会有许多经验教训(包括自己的和别人的)被总结出来，你就会知道在什么情况下会有什么情绪出现，这就给你事前做好心理准备提供了时机。当然，有些情绪反应并不是有了心理准备就能防止的，还必须以很大的主观努力去进行运作。

（四）以情制情，积极转化

教师的负面情绪肯定是存在的，那么如何避免其对教育的影响呢？人们以往通常的做法是：摆出教育的重要性，让教师知道；呈现教育的策略，让教师学会。人们希望以理性去抑制各种影响教育的负面情绪。然而，在“知道”与“学会”之后，教育中的负面情绪并没有从此消失，因为教师们似乎并不愿意去落实相应的行为。“人类理性乃是人这种动物长久的历史性构建，人的精神根须还伸展下去达到其原始的土壤。”希望运用理性去解决一切问题，其实是纵容了理性的无限僭越，将人“抽象化”和“片面化”了。这样，当人们试图通过增强理性去拒斥教师负面情绪的时候，理性却反过来被强大的情绪力量所淹没与吞噬。

在某种意义上，情绪似乎没有逻辑，情绪上的问题似乎也没有道理可讲。情绪就是一种心里泛起的感受，是一种支配外在行为的固执的内心倾向。面对那些执着、不愿改变甚至是“不讲理”的负面情绪，内心的理性可能毫无作用，外在的说教可能也无能为力。这样，一种引导教师情绪的新途径便呼之欲出了：既然理性无法解决情绪的问题，那么就让情绪自己来解决吧。概言之，这是一种“以情制情”的途径。以情制情，意味着教师是以自己的一种情绪去抑制和约束另一种情绪。一种情绪要能够抑制另一种情绪，关键就在于前者的强度要超过后者。如果细加思考，教师对学生的爱不仅能够“抑制”影响教育过程的负面情绪，而且还能在很大程度上“生发”出促进教育的正面情绪，这就是“以情致情”。当教师做到“以情致情”的时候，他们会主动去琢磨、探寻促进教育的各种方法，而不是等着别人来教自己。这时，教师才真正成为教育的主动的“促进者”，而不是被动的各种教育策略的“消费者”。从根本上说，这才是教育所追求的一种理想状态。

【活动】　　快乐氧吧

[活动目的]在轻松愉快的游戏活动中，发泄、化解工作中产生的情绪与心理压力，避免生气心理滋生，使教师心灵得到放飞，帮助教师建立良好的情绪。

[活动设计]

1. 创设一间安静的游戏活动室，远离马路等嘈杂的地方，必须是很安静的环境。

2. 活动难点：参与自己喜爱的项目，通过游戏达到释放的目的。

[活动时间]20 分钟。

[环境创设]一间铺着地垫的宽敞明亮的教室。教室主墙面上贴大草原的画；室内有玻璃缸(里面有游动的金鱼)和一个可以盘腿围坐的小桌子，桌子上有纸和笔；整个教室中放有一些绿色植物。

[游戏方法]

1. 面对辽阔的草原，用画笔描绘出心中的烦恼，让它飘散而去。

2. 与同伴一起倾诉，可以笑也可以哭。

3. 可以和金鱼一起玩耍，可以喂食金鱼。

四、百宝箱

（一）工具：情绪联想空间

表 3-3 实践操练步骤：情绪联想空间

情绪形容词	会联想到什么	会有怎样的反应	除此之外还会有怎样的情绪	你尝试如何改变
担心				
关爱				
悲伤				
愤怒				

（二）情绪情感形容词量表（Avillo）

表 3-4 情绪情感形容词量表

请仔细阅读每一条内容，根据您最近一周的实际情况，选择符合自己状态的一项，并打“√”。

	1	2	3	4	5	6	7	
变化的								稳定的
举棋不定的								自信的
沮丧的								高兴的
孤立的								合群的
混乱的								有条理的
漠不关心的								关切的
冷淡的								热情的
被动的								主动的
淡漠的								有兴趣的
孤僻的								友好的
不适的								舒适的
神经质的								冷静的

使用指南：该表共有 12 组意思相反的形容词，让被评估者从每一组形容词中选出符合其目前情绪情感的词，并给予相应得分。总分在 84 分以上，提示情绪情感积极，否则，提示情绪情感消极。该表特别适合不能用言语表达自己的情绪情感或对自己的情绪情感定位不明者。

五、拓展阅读

愤怒及教师愤怒的表达

愤怒，不仅仅指当愿望不能实现或为达到目的的行动受到挫折时引起的一种紧张而不愉快的情绪，如今也存在于对社会现象及他人遭遇甚至与自己无关事项的极度反感。后者多发于社会性动物群体之中，成语如“义愤填膺”。愤怒被看作一种原始的情绪，它在动物身上是与求生、争夺食物和配偶等行为联系着的。愤怒在人的成长过程中出现较早，据认为，出生3个月的婴儿就有愤怒的表现。限制婴儿探索外界环境能引起愤怒，例如：约束婴儿身体的活动、强制婴儿睡觉、限制婴儿的活动范围、不给婴儿玩弄玩具等，均可引起他的愤怒。当幼儿的目的性行动受到阻挠或威胁时，就能唤起愤怒情绪。在成人身上，愤怒依赖于已形成的道德准则，常属于道德感的范畴。愤怒有程度的不同，从轻微不满、怒、激愤到大怒等。愤怒是一种消极的感觉状态，一般包括敌对的思想、生理反应和适应不良的行为，它的发生通常因为另一人被认为有不敬、贬低、威胁或疏忽等不必要的行动。

教师对学生的期望情感与学生的现实表现常常构成矛盾，两者的差距往往成为激怒教师的导火索。一位教师往往需要面对数十位学生，较高的情感负荷量使得教师“怒气难抑”成为教育生活中常见的现象。如果使负性情感不能走过最高峰，对其进行强行控制，反而会造成心理的压抑。如果遵循情感的规律，任其自然变化，就会形成山形曲线。

教师发怒的表现主要有以谩骂、体罚为代表的直接暴力和以讥讽、漠视为代表的冷暴力。当教师认为学生由于偷懒而不完成作业时、面对所教学科成绩下降时、面对常犯错误屡教不改的学生时，难免产生生气愤怒的冲动，从而在面对学生时会将学生细小的错误放大，而对学生大声吼叫、呵斥，使学生“噤若寒蝉”，惧怕教师甚至厌学。更有教师会因一时之怒而体罚学生，上演教育暴力，给学生的身心健康带来重大影响：“暴怒的教师揪住学生的耳朵，试图将他拉出教室，用力之下，他手里捏的只是学生娇嫩的耳垂；因为学生的调皮，教师拂袖而去……”时至今日，关于教师体罚学生的陋习的事件，仍时常见于媒体。

有研究发现，学生对教师消极的情感表达感受更敏锐；学生对教师“容易发火”“板着脸”“讲刺激学生的话”“凶”“叫家长”等相关问题的感受最深，而这些从性质上讲都是教师情感表达的消极方面。学生对教师的情绪感受是敏感和直接的，教师的言行举止点点滴滴都会印在学生的心间，引发学生的感受，尤其是教师的负面情绪。稍不留神，教师的目光会充满不屑；教师的表情会充满轻蔑；教师的举止会充满敌视；教师的言语会伤及心灵。

应该积极地寻求根本的解决之道，从根源上消除负性情感。这又有两个方面：一是积极主动地向外用力，来寻求担忧、失望、生气，用内省法静静地问问自己，也可以画一个矩阵图来帮助理清问题，最内层的是：我在担忧什么？我为什么担忧？这真的成问题、需要担忧吗？是什么导致了孩子的这种行为、性格？这些因素中，什么是最主要的因素？是学生家长的？是同伴群体的？是师生互动不良的？还是别的什么？这个因素我能够改变吗？我怎么样来改变呢？改变需要怎样做？二是向内超越，认识到我们每个人都是有限的，生活在有限的时空中，没有办法对每个人欣赏性地观察。

第四章　改善教师情感表达，提升教师情感素质

第一节　提升教师情感素质的必要性

随着经济和社会的快速发展，我国城市化进程不断加快。2012 年社会蓝皮书《2012 年中国社会形势分析与预测》，指出 2011 年中国城镇人口占总人口比重首次超过 50％。根据学者预测，到 2020 年中国城市化率将达到 60％左右，2050 年将要达到 70％～75％。随着现代化和城市化进程的加速，家庭、学校和社会的结构发生了一定的变化，对于教育提出了新的挑战。如何通过教育解决现有的问题，并进而让教育更好地引领社会发展，是新的时代背景下我们需要认真思考的问题。

一、独生子女家庭潜藏的情感危机亟待解决

每个人最早都是从家庭里成长，并逐步通过学校这个中间环节，最终实现走向社会。家庭生活是一个人人格形成的基础，在学校和社会上的表现，一定程度上只是其基础人格的展示和发挥的过程。因此可以说，有什么样的家庭教育，就有什么样的学生，而有什么样的学生，就可能有什么样的社会人。足见家庭教育不单是简单的亲子关系问题，还影响和决定着每一个人人格的形成和价值观的培养，也是社会文化传承和发展的初始点。

独生子女家庭，是伴随着中国改革及经济社会的巨大变迁而出现的。这种家庭模式，在 20 世纪 80 年代的中国城市开始出现并在新婚家庭中普及，在农村也占有一定的比例。这些家庭的父母们则生长在中国传统的多子女大

家庭。80年代开始普遍出现的独生子女家庭，是中国家庭结构的新模式，今天则成了主流家庭模式。80年代出生的独生子女被称为“独一代”。目前，这些“独一代”也已进入了婚育年龄，他们的子女多数又成为独生子女，现阶段出生的独生子女被称为“独二代”。这两代人经历了与其父辈和祖辈不同的家庭环境、经济环境和社会环境，也就有了与上两代人不同的生活模式、教育模式(教育观念)和成长模式。他们经济上开始变得富裕，成为家庭的掌上明珠，但是生活自理能力差，情感上过分依赖或独立，自私、不懂得感受他人等，暴露出很多家庭教育、学校教育和孩子的成长问题，对传统教育提出了空前的挑战。

因此，“五四”时期讨论过的“现在我们如何做父母”的问题依然困扰着每个家庭中的父母，如何教育自己的孩子(包括如何调整家长自己的情感状态)已成为电视台的热门话题。情感教育的第一课堂在家庭，个体情感(包括亲情、友情、爱情、乡情等)最佳教育时段在学前，情绪模式和情感基调的形成与父母遗传基因、教养方式、家庭生活氛围等密切相关，个体情感的健康基础在这个时期奠定，后期的情感教育多为调理加工、修补改造而已。然而，目前家庭中的情感教育多是非自觉状态甚至蒙昧状态(如部分家长对孩子青春期的性与爱的教育的回避等)的。同时，受应试教育的影响，父母过度关注知识、技能，把其他的情感都忽略了，孩子变成了分数机器、一个没有感情的人、一个冷漠的人，他的目标仅仅就是超过别人，这种状况亟待引导。

二、学校中的情感教育迫在眉睫

改革开放后，伴随中国教育体制和考试制度的恢复重建与规范化发展，学校培养了大批适应现代化建设需求的人才，奠定了今天中国各方面事业发展的基础，功效非凡。但近年来中小学教育逐渐走入应试教育的怪圈，使创造性和多元智力倾向在题海战术和标准答案的研磨中钝化窒息，并且影响到学生的身心健康，引起社会各界关注。应试教育过度偏重认知训练而忽略情感成长，再加上现代科技理性辖制，人文精神低迷，会造就一些有知识没文化、有头脑没心灵的机械化的畸形发展的人。现在这些问题更趋激化，有一部分学生不同程度地存在抑郁、孤僻、胆怯、自私、冷漠、不诚实、缺乏自信等心理障碍，发展至极端并在媒体曝光的引发公众高度关注的个别现象也频频出现。这些令人震惊的现象体现出对生命的漠视，对待他人的冷漠残忍，处理人际关系的粗暴冲动，在突发事件面前暴露出的无知无措、极端自私和不可理喻的冷酷，对自我和他人情感的茫然和麻木等。这些现象昭示出情感教育的严重滞后。

学校在情感教育上的目标比较模糊。目前铺天盖地的学校情感教育课题研究或者重点放在"激情是追求真理的动力"，或者利用积极情绪促进认知，或者强调教学中渗透情感，或者着力于和谐的情感环境和情感氛围营建，或者从关心学生入手解决心理问题或提升思想道德水平，多把情感作为手段，而真正把情感作为研究对象，深入研究情感发展规律、情感教育方法的并不多，在教育中研究如何促进人类的情感认知、情感表达、情感交流、情感理解、情感发展的具体成果也寥寥。

学校在情感教育的内容上也无合理安排，往往小学阶段就开始进行爱国爱民爱社会主义、革命英雄主义、无私奉献精神、树立正确世界观价值观人生观等的教育，到大学阶段才补上基础行为习惯的文明规范、公德教育、礼貌礼仪、社会性融合、感恩亲情这样的基础环节，而对于爱情、友情、自我认知、人际关系处理、心灵成长等重要情感的研究与教育在课程体系中几乎是盲点，或故意回避。这样，早恋问题、致使学习困难的心理障碍、青春期困惑、反抗期焦虑、心理压力和精神疾患等几乎都被"正规教育"忽略，这种只见书本不见人的教育是"非人"的教育，无法满足现代需求。

学校在师生交往中的情感交流与表达现状令人担忧。在师生交往中，教师如果不对自身的角色加以反省，就容易以社会代言人自居。教师立于讲台之上，居高临下，自我感觉良好，实则枯燥乏味，使学生产生烦恼、忧愁、恐惧等消极的情绪体验，导致学生自信心降低，思维呆板，学习效率低下，甚至产生逃课、逃学行为。教师如果不对自身带有的价值观进行积极的审视，就容易把自己主观的价值观强加于学生身上，充当学生的"价值法官"。比如，教师常常以指令性的语言"应该怎样""不应该怎样"和学生进行交流，以自己的视角和自身的体验一厢情愿地揣测学生的反应，忽视学生的情感体验。如此，师生之间就容易产生隔阂，很难产生相互之间的认同和信任关系。此外，在师生交往中过分注重工具性交往，忽视情感交流。课堂上，师生之间被狭义地强调为单纯的以知识、智力为核心的工具性交往，忽视师生之间的情感交流。在课后，教师大部分时间待在办公室里备课、批改作业，很少深入到学生中间去与学生交往谈心。师生之间缺少交流，教师不了解学生的真实思想，师生之间又何以产生真正的情感关系？并且，教师和学生在课堂之外的交往如家访，常常演变为教师向学生家长告状，诉说学生学习活动的不足与缺陷，从而使师生之间的隔阂不断加深加宽，部分教师与学生甚至成为“敌人”。特别是随着年级的增长，班级的科层制度逐渐增强，学生也开始厌倦与教师的互动交流，教师在学生的情感交往中隐退，学生开始构建属于自己的“同类空间”，使得学校的育人效果难以彰显。

纵观目前中小学基础教育阶段师生关系不理想的原因，除了现代化发展过程中带来的种种负面关系在师生关系上的投射，教师自身的情感素养低下也难辞其咎。教师对其自身的情感素养对儿童的人格发展的影响缺乏基本的认知，在现实教学中，我们看到教师不尊重学生、伤害学生的例子比比皆是，师生关系中缺乏基本的关怀性的情感氛围。同时，不管是在师范生培养中还是在职后教师培训中，都缺乏对教师情感素养的教育，而家长作为学生成长过程中重要的教育者，往往也因对自身情感素养的无知而以爱的名义行伤害学生之实。

三、留守、流动儿童的情感缺失亟须关注

目前，我国城镇化正在快速推进，2011 年我国城镇人口达 6.91 亿人，城镇化率上升到 51.27%。今后相当长一段时间是我国城镇化发展的关键时期。快速城镇化和农村大规模撤点并校，使我国出现了两个新的教育边缘化群体，即进入城市的流动儿童和生活在农村的留守儿童。由于长期形成的二元结构及由此衍生的制度、法规、政策、社会心理都不可能在短期内改变，留守儿童、流动儿童问题将长期存在。统计数据显示，2010 年我国

0～17岁农村留守儿童和城乡流动儿童共有9683万人，这近1亿人的规模，每年还以一定的速度在扩大，是一个不可忽视的群体，他们需要受到特别的关注和对待。

2013年5月，全国妇联课题组发布《我国农村留守儿童、城乡流动儿童状况研究报告》(以下简称《报告》)，根据《中国2010年第六次人口普查资料》样本数据推算，全国有农村留守儿童6102.55万人，占农村儿童的37.7%，占全国儿童的21.88%。与2005年全国1%抽样调查估算数据相比，5年间全国农村留守儿童增加约242万人。调查显示，46.74%农村留守儿童的父母都外出，在这些孩子中，与祖父母一起居住的比例最高，占32.67%；有10.7%的留守儿童与其他人一起居住。值得注意的是，单独居住的留守儿童占所有留守儿童的3.37%，虽然这个比例不大，但由于农村留守儿童基数大，由此对应的单独居住的农村留守儿童高达205.7万人，这是要特别给予关照的留守儿童。所有隔代照顾留守儿童的祖父母，平均年龄为59.2岁，56%的年龄在60岁以下，绝大部分在50～59岁，甚至有12%的祖父母年龄在50岁以下。但是，隔代照顾农村留守儿童的祖父母的受教育程度很低，绝大部分为小学文化程度，甚至有8%的祖父和25%的祖母未上过学。由于受教育水平的限制，祖父母在抚养和教育留守儿童时面临诸多的困难和挑战。父母监护是儿童社会化过程中的重要因素。由于与父母长期分离，亲情缺失，家庭教育弱化，留守儿童的生活质量、生理和心理健康状况、成长环境均劣于受父母监护的儿童。特别是亲情缺失，会造成一生无法弥补的缺憾。调查表明，留守儿童最大心愿就是与父母团聚，使自己不再是留守儿童。此外，有部分留守儿童需要寄宿在学校，学习生活中的烦恼和冲突都需要独自面对，缺少与亲人交流沟通的平台，缺乏正确的渠道来释放压力等，这些导致了留守儿童的自卑心理，导致了他们对学校生活缺乏兴趣，导致了他们的敏感、脆弱、孤僻和消极。这些都为他们未来发展埋下了隐患。

对于流动儿童，《报告》指出，从人口数量上看，根据《中国2010年第六次人口普查资料》样本数据推算，0～17岁城乡流动儿童规模为3581万人，在

2005年基础上增加了41.37％。在这些流动儿童中，户口性质为农业户口的流动儿童占80.35％，据此推算，全国农村流动儿童达2877万人，且有增长的趋势。流动儿童随父母和家庭流入城市，要面对和接受的是与家乡不同的文化环境，不同的城市语言，不同的生活习俗，不同的学校生活和不同的社区生活等，必然面临着一个归属感构建问题，受经济与福利制度、社会文化等方面的排斥，融入城市存在多方面障碍。同时，多数流动儿童父母忙于维持生计，无暇关注流动儿童的成长与发展，在家庭教育、情感关爱等方面严重缺位，导致部分流动儿童游手好闲，走上犯罪道路。

教育是立人的，在基础教育阶段，首先就是要奠基情感。否则出息越大，可能危害也越大。正如金马在《情感智慧论》里说的："一流的情感、一流的智慧，一旦合流，常可导致光辉的人生；而一流的智慧、二流的情感，一旦合流，常可导致三流的道德、四流的奉献、末流的人生。"因此，社会转型与现代化进程的加速，使得家庭、学校和社会都面临着结构调整后的新情况、新问题，更加凸显了情感及情感教育在解决现代化危机方面的重要意义。在当代学校中，学生和教师需要作为每一个生动和独特的个体存在，师生交往是作为人的情感性的交往。我们希望本章内容能够增进我们对师生关系中的情感价值的认识，补充丰富我们对教师情感素质之重要性的认识，增进对儿童情感需求及其满足方式的认知和理解，也包括对儿童情感发展的认识，从而逐渐提升自身的情感能力。

第二节　提升教师情感素质的基本教育立场

一、重视情绪、情感对于人的发展的重要价值

联合国教科文组织报告《教育——财富蕴藏其中》这样定义教育：教育应当促使人的身体、智力、审美和精神都得到发展。这一定义的意义在于，提出教育是促使人的全面发展，是培养完整的人。朱小蔓教授在《情感教育论

纲》中指出，“对教育要作完整的理解，不能回避、抽离情感层面”。情绪、情感是人类精神生活中最重要的组成部分，是人类经验中最亲近的体验、人类行动中最复杂的感受。她将情感看作人的发展所必需的一种基模性的质料，“它与生俱来，不断发育成为支持德、智、体、美诸方面素质发展的基础性、内质性材料”。

第一，情感对人的学习经验有重要意义。2006 年，欧盟“学会学习”能力监测提出“认知—情感”二维概念框架；2008 年，他们又提出“认知—情感—元认知”三维概念框架，内含 10 个子维度，其中情感维度包括学习动机、学习策略和面向变革的学习取向，学业上的自我概念和自我评价，学习环境。由此可见，情感是学习的重要维度。俄罗斯学者巴利辛柯夫认为，现在学校教育还未能掌握学生的情感资源，如果学校能获得学生的情感资源的话，学校教育的质量会大大提高。

第二，情感对人的价值观形成有重要意义。情感与价值观之间具有相关性。情感最直接、真实地表达其与人的社会性联结，而这一联结从胎儿开始，发展到联系感的出现与强化，社会性发育显然与伦理价值相关。人类有超历史的伦理公理，这一公理被世代种系遗传及文化进化所证实，这可以从文化人类学和教育人类学得到证明。情感表达需求、愿望、喜好、趣味，人的价值倾向就隐藏和蕴含其中，尤其是一些基础价值，如生存、健康、幸福、伙伴、友谊、同情、助人、自尊、被人尊重、发现、美感体验、实现自由、生活的意义感等。它们的表现形式以及侧重点会随时代变化，并受文化影响，但不论形式怎样，它们都有顽强的生命力，并抵抗着外部对它们的践踏。人在社会中必然会遇到情感矛盾，我们期望通过情感矛盾、价值选择，形成稳定的情感人格。通过“冲突—平静—再冲突—再矛盾”这样的过程，价值获得统整，情感恢复平静，形成较为稳定的人格，实现人格的自我统整。自我统整的过程就是逐步的人格形塑的过程。价值观不是外部强加于人的，而是人本然地、真实地追求的。依循这一事实，价值观教育从根本上说，是承认、保护人的自然自发的价值需求，强化引导其正面的，为特定社会接受、容纳和需要的价值，也即把特定社会、文化所需求、寄望的价值观与人性本然的正面积极的价值需求吻合起来。教育，尤其是学校教育，必须做这样的工作。

第三，情感对于道德养成有重要意义。情感和道德感密不可分，在人与人的交往中获得的情感，实则是一种道德感。道德感在生活中起着使人高尚的作用，没有他人，任何真正伟大的东西都是不可能的。朱小蔓教授在研究俄罗斯伦理学家季塔连科教授的思想中发现，情感和道德感具有极为紧密的联系。情感并不仅指道德情感，而且包括人的直观感觉、情绪、各种感受体验、情绪情感性认知等，是一个较为宽泛的范畴。因为“个人内心生活是一种复杂的多层次的过程，包括感觉和知觉；情绪、激情、心境、热情；赞成和谴责；共同感受、同情、爱情、友谊、忠诚和许多其他的东西。这是充满热情的深刻的道德—心理的机制，人的道德积极性和伦理上的自我发展正是通过这一心理机制表现出来的”。季塔连科认为：“情感是复杂的、多级的、深刻的道德心理机制，人的积极性、自我发展正是通过这一机制表现出来。……情感是人的社会活动中的复杂的探索机制，而这种机制是获得道德观念的根据和最初的渊源。”

二、关注师生交往活动中的教育引导和影响

师生交往作为最重要的教育实践，具有教育性。交往是人们在社会生活中为了满足某种需要而进行的信息交流或联系，是人的情绪状态的重要决定因素，人的整个情绪领域都是在人们交往的条件下产生和发展的。教师和学生作为社会的基本元素——人，在交往过程中都有与他人建立情感联结的需要，以维持人类社会中最基本、最普遍存在的人际关系。否则，我们这个社会将是机械的、冰冷的、死气沉沉和毫无人情味的。在学校教育中，如果没有师生关系的建立，孤立的教和学都是不存在的。但是，教学中的师生关系并不是在课堂中天然生成的，师生之间如果没有真实情感和思想的交流，就不存在真正意义上的师生关系。正如美国教育家杜威在《民主主义与教育》开篇即提出的，不顾他人的情感和理智倾向的师生关系不是真正的社会化关系，只能是一种工具性的关系。

师生交往是师生双方在人与人的交往中获得的情感关系，如教师尊重、理解、爱护学生，学生信任、尊敬、爱戴教师，师生双方乐于和对方交往等。师生交往又是师生双方在特定角色关系交往中立足于促进学生健康发展的基础上而产生的特殊的情感关系，如教师想教、乐教、爱教，学生则想学、乐学、爱学等。在教育实践中，教师的教育、教学，学生的学习、理解，都是在一定的情境和氛围中进行的。加拿大教育学者史密斯在现象学的基础上发展了情感空间理论，强调人所处的空间不是一个物理空间，或者主要不再是物理空间，它是由情感氛围包裹着主体的情感空间。师生交往作为一种“背景条件”，在交往过程中形成的情感氛围或“情感场”，作用于每一个学生的心理和学习行为，同时也有力地“支撑”和促发着教师的教学情趣和情绪。师生间健康、和谐的交往关系有利于学生积极愉快的情绪情感体验的产生，并进而激励、促进学生学习活动的高效进行；有利于师生间产生信任感，学生敢于把自己对教师教学的真实感受与看法表述出来，教师也乐于接受建议，改进教学方法，调整教学内容，真正形成师生之间的教学相长。

三、关注教师的内在情感与精神样态

情感对教师培养和专业成长具有重要意义。人不同于万物的灵异之处，就在于人类生命的存在，以及延续必须有意义的支撑和价值的衡量，那些在根基处给生命以支撑的价值观念，构成人的核心价值观，它们给出生命存在和延续的理由和动力。教师作为学生的引路人，就要将这一粒粒饱满的种子撒播在学生的心田，编织成一张夏洛的网。有一天，这些情感会生根、发芽，长成参天的大树，最终内化为学生生命的价值取向，支撑起亲情、友爱、自尊。生命与生活的过程原本由支离的生活碎片填充，而填充的图形一定要靠情感来编织。离开情感层面，不能铸造精神世界。因此，教师要做一个积极培养学生情感的人，自身也应该是一个情感丰富的人。

内在情感和精神世界丰富并保持开放性的教师，能够关注儿童的情感（包括情绪）的表达，敏锐地发现学生沉默、对抗等消极情绪背后的精神活动并创造性地寻找到转化学生消极情绪为积极的行动动机的契机。这就需

要教师不仅关注学生外在的学习行为，更要关注学生的精神世界，需要教师具有情感的敏感性，需要教师自身是情感饱满丰富的人。教育是心灵的培养。苏霍姆林斯基在《和青年校长的谈话》中谈到，教师是有情感修养的人，儿童每天都在亲身感受教师对其行为举止在他的心灵深处做出的最细腻的情感反应。这种反应就是用人道精神进行教育的强大基础，离开它，就无所谓学校。

现在关于教师专业发展的理论和实践，往往比较强调教师在学科知识与技能意义上的“专业性”，强调教师职业生涯必须追求专业发展，而忽视情感在教师成长中的重要性。如果没有教师本人对所教学科的挚爱甚至痴迷、执着的情感，没有经常性的对胜任该学科教学的自我肯定的积极体验，不但他自己是走不远的，而且也无法影响学生的情感态度价值观。情感对教师成长的重要意义在于，在教育实践活动中，教师具有敏感性，能够敏锐发现学生的情感需求，理解、表达并与学生沟通，做出恰当的情感应对。因此，在实践操作中，教师有无情感—人格素质与技能、是否形成情感交往关系或“情感场”，受教育者是否有情感经验的积累或改组，这些不仅是判断教师情感素质的重要指标，也是衡量教师专业成长的重要标志。

第三节　提升教师情感素质的路径

一、反思专业成长中的情感之维

现在关于教师专业发展的理论和实践，往往偏重于强调教师在学科知识与技能意义上的“专业性”，在强调教师职业的专业性质时忽视和淡忘情感在教师职业活动及专业成长中的重要性。朱小蔓教授在 1998 年对于教师的情感素质曾做过一些初步提炼，诸如：教师要能够敏锐发现学生的情感需求，及时做出恰当的情感应对，能够理解学生的情感，与学生顺畅沟通。

表 4-1　教师情感—人格素质的构成与内涵表①

教师情感—人格素质的构成与内涵	教育价值观	主要指对教育特有的理想、信念和情操，包括一个教师特有的人生观、价值观、职业观。强调个人化和独特性、信奉程度、显著的情感性和评价性特征、有突出的情景性
	教育思维方式	主要指教育工作者特有的一种思维方式。强调理智性与情感性、现实性与超越性等特征；特别提出幻化性思维、浪漫性思维、创造性思维
	教育行为技艺	教师的艺术和技术是多种多样、丰富多彩的： (1)对自己的情感与技术：识别、认识自己的情绪、脾性、趣味；善于表达和控制自己的情绪；能够激励自己、战胜挫折 (2)对学生的情感与技术：善于识别、体察和感受学生的情绪，并作出相应的反应；善于与学生沟通情感，能够分享和移情；善于欣赏、鼓励、调动学生的积极情感 (3)来源于三个条件：教师本身的情感经验的丰富性、自我监控水平、教师的语言修养(词汇的丰富性、用词准确性等)
	教育风格类型	可分为自然型和表现型： (1)自然型分为：含蓄型、沉稳型、温柔型、热烈型 (2)表现型分为：故事型、诗歌型、哲理型等

因此，教师要对儿童、对自己的情绪情感发育及其变化机制有一定的基本认知，教师工作不能建立在必要知识和认知缺失的荒漠上。

（一）教师需要掌握的关于儿童情感发展的内容

首先，儿童情感发展的四个方面。关注儿童发展中的情感发育及其教育意义，基于对儿童情感发展的实有情况的研究，提出儿童情感发展的四个重要方面：情感状态、情感品种、情感品质、情感能力。

① 朱小蔓：《关注心灵成长的教育——道德与情感教育的哲思》，436～437页，北京，北京师范大学出版社，2012。

表 4-2　儿童情感发展表

儿童情感发展	情感状态（感受）	正性情绪与负性情绪，短暂、持存、可调节、情绪基调
	情感品种	安全感、依恋感、惬意感； 兴趣、好奇、惊异、专注； 同情、怜悯、恻隐、移情； 联系感、亲近感、适应感、和谐感； 共通感、他心想象、同理心； 自我悦纳、被承认感、有力感、成功感、自尊与自信； 思想与人格独立感、自我同一感、时间支配自由感、从容感； 此外，还包括秩序感、敬畏感、幸福感、羞耻感、怨恨感等
	情感品质（较稳定性、有认知基础、经体验积累）	真诚、热忱、友谊、宽容、同理心、坦诚、利他、奉献、坚忍、信念同一与持守、责任感等
	情感能力（有外化表达、需经锻炼）	对他人及自己的情绪情感的察觉、觉知、体悟、理解； 情感沟通与交往、情绪情感表达、情感移入、情绪调节与控制、情绪情感激励与自我激励

其次，不同年龄段情感发展的具体目标与教育引导。基于学生的脑发育、心理特征、主导的生活方式等架构出不同年龄段（儿童、少年、青年）的情感发展的具体目标及主要教育方式。

表 4-3　不同年龄段的情感发展表

年龄阶段	情绪—情感基本特点	教育目标	主要教育方式
儿童期（3～8 岁）	我向性阶段： 需要并力争得到成人的支持、赞许和爱抚等情感评价； 感受性强，模仿性强，易劝导性强； 情绪活泼、愉快、明朗，同时少控制、易任性	主要以快乐—兴趣的享受色调为中心构建情感教育目标；学前期到学龄期的情感适应	教师或成人给予情感；进行象征性游戏或角色游戏；采取多次训练、操练的方式使一些基本的情感品质与能力形成习惯（如同情、控制任性）

续表

年龄阶段	情绪—情感基本特点	教育目标	主要教育方式
少年期 (9～14 岁)	他向性阶段： 情感与思维从自我中心中解脱，把别人作为情感对象，自己的情绪表现也把别人作为参照系； 有自我确认的强烈需求，胜任感、有力感、信任感是少年安宁、自足、愉悦情感的主要来源； 重视集体评价、社会评价、他人评价，珍视友谊； 敏感性较强，容易激动，甚至产生强烈的反抗情绪	主要以自尊感—荣誉感和顺遂体验为中心构建情感教育目标	寻找一切可能表现少年的聪明才智的领域，调整人群关系结构，用顺遂的情感体验来克服挫折的情感体验；用以外促内的方式，开展丰富多彩、形式活泼的集体活动，重视集体的建设和舆论风气的形成，提供更多榜样；在认知教育中，借助语言文字和概念思维的发展，同时，仍然需要实物、表象等形象化手段，建立起情感的概念认识，从而使情感分化水平迅速提高
青年期 (15～22 岁)	整合性阶段： 自我意识的独立性增强，学会观察周围和解剖自己，不仅按兴趣而且按能力来考虑职业和生活的选择，开始寻求生活意义； 对人、对生活的感受增强，对社会和他人对自己的接纳更加敏感，尊严感和害怕挫折的焦虑同时上升	主要以理想自我与现实自我的同一感或一体感为中心构建情感教育目标	调整青年的价值追求与实际追求之间的关系，帮助建立准确的自我形象和合理的社会角色期待；为青年提供发掘兴趣和表现能力的场所，创造专业选择和职业培训的条件；通过参观、访问、调查、研讨及社会角色的直接承担，了解社会、了解国情、了解社会需求，培养对人生责任的热情、对社会实际事务的关注

基于实证研究，依据青少年儿童情感发展的年龄特点及其轨迹，提出教育的关注要点和有关教育的策略。

表 4-4 不同年龄段的教育关注要点和策略①

年龄特点	关注要点	教育策略
依恋的 0 岁	依恋感	重视关注性的满足
好动的 1 岁	安全感	重视安全性的保护
可爱又“可怕”的 2 岁	信任感	重视支持性的参与
“听话”的 3 岁	秩序感	重视尊重性的引导
模仿的 4 岁	自主感	重视榜样的示范
好问的 5 岁	探求感	重视积极的鼓励
合群的 6 岁	认同感	重视合作性的互动
规范的 7 岁	成长感	当一名小学生自豪感的教育
好学的 8 岁	勤奋感	培养学习兴趣，鼓励刻苦学习，进行磨砺教育
友谊的 9 岁	友爱感	培养相互交往中的友爱感
上进的 10 岁	进取感	培养天天向上的进取感
迷惘的 11 岁	自爱感	培养自我认同的自爱感
冲突的 12 岁	自尊感	培养自我肯定的自尊感
闭锁的 13 岁	自立感	培养自我要求的自立感
重义气的 14 岁	自强感	培养自我激励的自强感
幻想的 15 岁	美感	培养自我欣赏的美感，进行追求真善美的教育
花季的 16 岁	责任感	培养学会负责的责任感，进行自我要求教育
憧憬的 17 岁	成人感	培养学会关心的成人感，进行追求理想的教育
成熟的 18 岁	使命感	培养学会反思的使命感，进行崇高使命的教育

（二）教师需要了解的情感教育过程及其机制

朱小蔓教授整合情绪情感发生、演化、调适与培育机制的多学科基础，从教育学角度将情感教育的过程及其机制描述为“情动—感受”“体验—理解”“价值体系化—人格化”三个相互联系并相互过渡的过程，三者之间是后者包容前者的递升关系。在此基础上，情感教育可以通过课程教学、学校日常教育、学校管理、学校文化、教师教育等途径来实现。

① 朱小蔓：《情感德育论》，75～76 页，北京，人民教育出版社，2005。

表 4-5　情感教育的过程及其机制表①

<table>
<tr><td rowspan="3">情感教育的过程及其机制</td><td>情动—感受</td><td>包括信号放大、刺激强化、情绪感通等</td><td rowspan="3">借鉴并使用的一些概念：
情感经验及其积淀；情感孕育、情结；情感交往、情感应对；情感场；情景记忆、情节、情绪记忆；情感想象；情感氛围、情感微环境；情感叙事</td></tr>
<tr><td>体验—理解</td><td>包括心理体验、实践体验、主动体验过程、被动体验过程等</td></tr>
<tr><td>价值体系化—人格化过程</td><td>价值体系化：价值冲突与融通整合
通过情感矛盾(透射价值矛盾)，价值获得统整，情感恢复平静，形成较为稳定的人格，实现人格的自我统整；自我统整的过程就是逐步的人格形塑的过程</td></tr>
</table>

二、提炼、丰富生活史中的情感经验

（一）珍视那些正向、积极的情感品质

珍惜教师在职业生活中经常出现的、有积极价值的情绪情感品种，如安全感、工作中的胜任感，以及师生关系、同侪情谊等，它们是教师在特定的职业情境中生成职业认同、道德操守及信念的重要源泉。

活动 1. 教师的情感素质

这个活动邀请你来对优秀教师所拥有的不同类型的品质进行分类，并且要鉴别运用情感能力进行教学的教师所拥有的特殊的情感品质。

1. 回想下当你作为一个学生时，你遇到的优秀教师。

2. 你用什么样的单词和短语来描述他们?

3. 下面是一些用来描述优秀教师的单词和短语，哪一个可以被用来描述你遇到的优秀教师?

表 4-6　描述优秀教师的单词和短语表

第 1 列	第 2 列	第 3 列
专家	良好的组织能力	可接近的

① 根据《情感教育论纲》整理而成。详见朱小蔓：《情感教育论纲》，130～159 页，北京，人民出版社，2007。

续表

第 1 列	第 2 列	第 3 列
知识渊博的	良好的时间管理能力	可接受的
权威的	能提供有用的反馈	积极乐观的
足智多谋的	很好地运用教材和教具	很好的倾听者
有经验的	良好的表达能力	同情心
跟上时代的	良好的指导能力	有求必应
能够回答任何问题	相关的、有趣的和有挑战性的活动	专心的
	有好的学习资料	开放的
		没有威胁性的
		能够认识我
		值得尊敬的
		不做假设

第一栏的单词和短语与教师的知识方面有关；第二栏的单词和短语与教师的专业技能有关；第三栏的单词和短语与教师的情感品质有关。

4. 作为教师，上面哪些单词和短语可以用到你身上？其中情感品质所占的比例有多大？

活动 2. 提供运用情感品质的证据

这个活动要求大家从自己作为学生和教师的经验中寻找一些运用情感品质的例子。活动 1 第 3 列中优秀教师的一些属性可以帮助你来思考你所遇到的最有情感品质的教师。

假设这位教师正在申请一个职位，这时你被要求提供个参考。你知道招聘者很看重教师的情感品质，他们需要你提供五个明确的例子来证明那位教师具有一定的情感品质，你将选择哪五个例子？如果你被要求给出你自己运用情感品质的五个例子，你又将会选择哪五个？

（二）重视那些能够外化出来、为人处世的情感能力

这些情感能力包括情绪识别、理解、应对、调控，以及激励自己与激励他人的能力。这些能力与教师的天赋条件有关，更重要的是源自长期的人文修养，同时一定程度上是可以经过教化和训练的。我们认为，可以按照以下步骤去总结、提炼、丰富自己的情感能力。

【步骤 1】自我审视

完成以下问卷，在相应的方框中打“√”。看一下你的情感能力有多高？（A 从不：0 分；B 有时：2 分；C 经常：3 分；D 自己也不确定：1 分）

表 4-7 情感能力问卷调查表

A 从不；B 有时；C 经常；D 自己也不确定				
	A	B	C	D
1. 是否审查过自己的非语言表达及其影响？				
2. 是否能明白学生的非语言表达？				
3. 是否能明白学生的感受？				
4. 是否能感受到全班学生某一刻的心情？				
5. 是否能对学生们的心情有所回应？				
6. 是否能够对学生的这种心情感同身受？				
7. 是否给学生机会让他们表达自己的感受？				
8. 是否能够真诚地聆听学生？				
9. 是否能够通过语言或者眼神接触了解学生的态度？				
10. 是否能了解并重视学生的回应？				
11. 是否会提到学生的贡献？				
12. 是否对所有重要的信息、学生期望、教师期望都保持公开透明？				
13. 是否能认识并调节自己的情感？				
14. 是否能恰当地向学生表达自己的情感？				
15. 是否能意识到自己对某些学生的偏见？				
16. 是否能创建一个积极的情感氛围？				
17. 是否为学生创设了最好的物理空间？				
18. 是否对自己有更多了解？				
19. 是否对学生有更多了解？				

【步骤 2】设定目标

从步骤 1 的表格中选出三个“A”或者“B”，以后可以增加这些事情的频率，并以此作为目标。对每一个目标，你需要做出以下决定：

(1)在哪一个特定的情境中你会开始做出改变？

(2)你需要额外做些什么或者说些什么？尽可能描述出来。

(3)你需要为这个目标做出哪些准备？

(4)在完成这个目标的过程中，你需要哪些帮助？

(5)可能会出现哪些意料之外的情况？

(6)你的后续计划是怎样的？

做出以上决定后，写出你实现自己目标的详细步骤。

【步骤 3-1】　　情感叙事活动

1. 选择一件你在职业生活中与情感范畴相关的事讲给大家，这件事可以是还没有完全解决的，可以是让你有过深刻反思的，也可以是简单但是你还从来没有机会和大家深度探讨的。

2. 想想自己要怎样讲述这个故事，口头的还是书面的？

3. 讲述你的故事。

4. 让同事或者小组成员帮助你审视自己在故事中的行为表现。

5. 尝试对这个故事下一个整体的和详细的结论。

6. 总结一下怎样更好地处理或者避免类似的事情。

7. 假设你要将上面讲的故事讲给一个新的听众，你在某些方面会有不同的讲述吗？比如：加上新的细节，强调不同的部分，讲述你从中学到的东西，对故事里的人的态度更加清晰，把故事讲成一个喜剧而不是悲剧，或者把故事讲成一个悲剧而不是喜剧。

【步骤 3-2】　　反思日志

1. 从以下方面来记述某一特殊事件：事情起因、经过、结果；这件事引发了你哪些情绪；这件事让你发现了什么？你还有哪些疑问没有解决？你以后可以做出哪些计划或者解决方式？

2. 寻找联系。坚持写日记的习惯，这可以帮助你审视自己和班级全体、和部分学生个体的交往方式。在写日记的过程中，可以帮助自己认识在和学生交往过程中的优点和缺点。

3. 实践。不论什么时候，只要你在教学中尝试一些新的关于情感表达的方法、策略，就把这些方法和策略都记下来。

【步骤 3-3】　　同事合作

1. 找一个你信任的同事，帮助各自的专业发展。

2. 你坚信你们能在问题的解决和探索上互相学习、互相帮助。

3. 如果可能，形成一个有规律的探讨时间。

4. 决定在某一个时期内谁当听众、谁当讲述者。比如，在前半学期中一个人讲述、另一个人听，后半学期互换角色。

倾听者需要注意以下事项：注意力集中；做出回应并帮助讲述者探索这件事；给讲述者留出时间探索这件事；包容讲述者的一些较大的情绪反应；不要给予直接的引导或者建议，而是帮助讲述者不断去探索事情的解决方式；不要评价好坏。

讲述者需要注意的事项：运用倾听者的专注来帮助自己解决问题；不要觉得自己一定要快速提出问题解决方式；不要刻意避免谈论自己的疑惑或不确定的地方。

【步骤 3-4】　　收集和了解学生的反馈

假设你在学期末想要得到学生的反馈，你可以用以下三个开放性问题：

(1)你觉得这学期我上课的内容有用吗?

(2)这学期学的内容对你有什么影响?

(3)请你对我的上课方式、教具应用等方面做出评价。

教师还可以通过以下五个方面的问题来审视自己的情感范畴的事情：一、倾听；二、移情；三、课堂氛围的创设；四、对学生情感的关注；五、教师自身情感的表露程度。

三、开展行动研究

（一）行动研究的指向

在当前的教育实践中，每一位教育工作者都不能回避师生关系的价值取向问题。传统的将受教育者当作客体的认识已经不再适应教育的发展趋势和时代的要求，教师应该将受教育者从客体状态解放出来，让他们充分发挥自身的潜能与创造力。教师应该倡导与学生进行平等对话与交流，与学生在相互尊重中相互欣赏，与学生在相互理解中共同发展。这应该成为当代教师在师生关系上的价值追求，同时也是教育应该追求的理想。

与学生的交往是教师精神生活的重要组成部分。教师不仅要向儿童传授知识，而且也应该研究儿童的精神世界，探索脑力劳动和人的个性形成的复杂过程的规律性。研究儿童应该是贯穿教师一生教育事业的主题，通过研究儿童身心发展特点了解儿童，热爱儿童。苏霍姆林斯基在其著作《帕夫雷什中学》中指出了研究儿童心理特点的重要性，而他本人在几十年如一日的教育实践过程当中也正是这样身体力行的。“每个孩子在思想、观点、情感、感受、快乐、不安、悲伤、忧虑等方面都是一个独特的世界。教师应当认清并熟悉自己学生的这个精神世界。”学生的精神世界是相当丰富和复杂的，作为教师很难从一个学生的外在表现就准确了解到他的内心和情感。对于学生的内在世界，教师只能通过与他们之间的沟通和不断交流才能了解，也才有可能对他们进行区别性的情感态度的教育，从而帮助他们及时克服与纠正一些不健康的甚至是错误的情感态度。而所有这一切的基础又是良好的师生关系。只有在这样的师生关系中学生才有可能向教师敞开心扉，畅所欲言，将教师视为推心置腹的真诚朋友。阿德勒指出，任何一个未能精通人性科学的理论和技术的人，要想把人教育好，都一定会遇到极大的困难。他完全只是在表面上操作，而且会错误地相信自己能够改变孩子。我们必须基于我们的教育实践，进行复杂的“心、脑、精神”的工作。

“教师情感素质提升与师生关系构建”项目虽然为教师们提供了操作手册、评课观课指南等诸多反思工具，但它们不能代替教师的思考与实践。教师的专业成长与情感素质，是需要教师从“内在”发力的，外在的支持只是希望能够引起教师对自己情感素质的反观、反思，希望教师能够对学生的情感较为敏感，在教育教学实践中逐渐培养自己的情感自觉或对情感的敏感性，能够恰当识别并恰当应对，包括觉察、共情、移情、倾听、缄默，包括鼓励学生持存正面、积极的情感，澄清、化解负面、消极的情感困顿，包括较为机智、艺术地表达自己的情感，面对情感冲突或矛盾时也能够自觉调适自己的情感，从而与学生建立关心、信任的情感性交往关系。

教师的情感素质提升不同于专业知识、技能的学习，它是高度“主体化”或“个人化”的，离不开教师本人的叙事、回溯、表达、反思。教师本人和参与者的叙事，是教师的真实体验，通过对这些叙事的反复描写、反复反思，会不断地逼近真实。通过反复地勾画、不断地结构化，教师就能够获得对教育情境新的发现和新的意义，从而能够得到自我确证。教师自身如果不能“全部投入”，只是“隔岸观火”，那就难以获得深刻的情感体验，缺乏情感体验的表达或叙事，只能是“流水账”，难以丰富自身的情感经验。为了让教师更好地涵育“情感一人文”素养，我们在手册中也为教师提供了拓展阅读，希望借助于文史哲方面的优秀文章或影视作品，让教师身临其中找到相似的情境，引发情意感通，进而提高教师对情境的感知力、识别力、洞察力、移情与共情能力，从而使教师能够更好地进行“情感育人”。

那么教师如何开展自主行动研究呢？情感虽然是内隐的、模糊的，但可以通过面部表情、语言、动作等表达出来。正如《乐记》所言：“诗言其志也，歌咏其声也，舞动其容也。三者本于心，然后乐气从之。是故情深而文明，气盛而化神。”情感借助面部表情、肢体语言及声调等表达内心。教师通过情感的外在、可视的表达，就可以反观自己的教育观念，反观师生关系，反观自己是否在育人。因此，通过系列的自主行动研究，通过自主的人文阅读和反思性写作，教师就有可能不断地获得对学生及自我情感的识别、表达和调适，从而提升自己的情感素质。

1. 反思自己的表情

古人云：相由心生。现代心理学的研究表明，人类脸部不同的肌肉组合，可以形成多种复杂的表情，大部分表情具有情感意义。表情的背后是什么？表情的表达受到哪些因素的影响？如何真实地表达自己的表情？如何辨别哪些表情是具有欺骗性的，哪些表情是程式化、娱乐化的？对于教师而言，我们需要反思，职业化的表情是否需要？怎样的表情是学生喜欢的？在不同情境下，怎样的表情是适切的？教师的表情表达是否具有教育性，如何更好地具有教育性？怎样的表情是学生不喜欢的？它给学生带来了怎样的影响？是否有必要细致地区分出不同的表情表达在教育教学中发挥的作用？这些不仅需要理论的研究，更需要教师自身留心、进行自我省察。

2. 提炼自己的语言表达艺术

语言是心灵的窗户，借助语言我们不仅得以更好地了解他人、了解文明，更能够使得生命与生命之间的联系更加紧密。语言提供了了解人类心灵深度的重要路径。好的语言表达能够感染人，因为人的情感是相通的，情意感通是可能的。相反，不善的语言表达是能伤人甚至杀人的，毕竟人类的心灵是柔软、脆弱的。教师的使命与职责是育人，教育是生命与生命之间的联结。这样的职业性质，就决定了教师必须讲求语言表达的艺术，因为我们面对的是柔软、脆弱的心灵。教师需要在肢体语言、口头语言和书面语言方面留心自己的表达，让自己的表达带有温度，带有接纳、关怀、信任、尊重，而不是冷漠、无常、控制、伤害等。教师需要反思，自己的语言表达在什么情况下是最能让学生接受的，在什么情况下学生是抗拒或不满的？教师是否留意自己的语言表达带给孩子的影响？教师在运用语言表达调节情感氛围方面具有怎样的机智？教师是否形成了个性化的语言表达方式？这些需要教师自主研究以提供更为丰富的可能。

3. 反思自己的动作、行为

动作、行为在一般意义上会影响人的沟通，影响人的社会性交往。具体到教育，作为教师，我们需要反思我们的动作、行为的教育意义，即我们的一举一动是否会对学生产生影响，会产生怎样的影响？为人师表，我们应该如何示范？动作、行为到底具有怎样的情感意蕴？我们是否能够及时觉察、识别学生的情绪反应并适时给予回应？我们是否注意到自己的行为表达了对学生的尊重、理解、信任、关怀？我们是否检点过自己的体态、手势等能否鼓励和激发学生的积极情感？这些看似细微琐碎的小事却表达了深深的教育意蕴，值得教师去反思探究。

教师可以通过撰写反思日记或案例分析等形式将自己在行动研究中的反思体验记录下来，这些实践体会是“切己”的。反思体验是提升教师理解教育和理解自己的重要途径。教师自主、积极地反思自己的情感，反思自己在教学活动中的情感，是引发教师他观、自观、反观自身情感性交往的重要契机。教师通过反思性写作，通过“克己、聆听、看、洞察、回溯性反思”，就能够真切地接近事实，获得直观的洞察，而这是教师专业成长的重要路径。

教师也可以通过“情感—人文”阅读来提升自己的情感素养。很多哲人都讲过，一个人的阅读史就是他的精神发育史，可见阅读对于人的成长的重要性。从联结的角度来看，阅读不同于我们通过劳作、实践获得的直接经验，它更多是洞悉他人的间接经验。一个人通过自身、他人能获得的联系毕竟还是有限的，但是通过阅读可以跨越时间，纵览古今中外的优秀智慧，真正滋养心性、丰富人生。从阅读中，能建立与他人的内在联结，找寻到生命存在的奇妙与意蕴，将联结之网编织得更加细密。对于教师而言，阅读的重要性不言而喻。在阅读中，情感得以舒展，各种勾连得以建立，精神得以丰富，生命得以享受和充实。

教师还可以"回溯"自己的生活史来自我观照内在情感和精神成长的轨迹和状态，在"过去—现在—未来"的时间之流中整体呈现出自己专业发展的"过程"，以及自己在这一过程中的主动构建，以此来唤醒自己沉睡的情感，提升自身的"情感—人文"素养，促进自身的专业成长，激发昂扬的生命状态。

（二）行动研究的倡导

因此，基于该手册，我们希望与一线教师共同研究，希望各位教师能够基于学校生活中师生交往的基本经验、典型案例等，对教师情感表达的基本内容、教育操作等开展行动研究。关于师生交往中的情感表达，我们主要和教师一起对师生交往中的师生表情、语言和行为开展行动研究，研究者和教师一起进行观察、反思、讨论、实践及再反思，希冀通过这种方式提升师生情感交往的质量，丰富师生交往的内在精神意蕴。

关于表情，美国加利福尼亚大学旧金山分校教授保罗·艾克曼通过研究表明，人脸部的肌肉有 43 块，可以组合出 1 万多种表情，其中 3000 种具有情感意义。表情可以是一种表演，有时有很强的欺骗性。有人概括当代中国人有六种典型表情，造成笑容的退化，分为职业化表情、符号化表情、程式化表情、品牌化表情、功能化表情、娱乐化表情。对于教师而言，怎样的表情是适切的，如何利用好表演性的表情，不同情境下教师表情的开启、控制、转化等内在机制是怎样的，这些问题都需要教师在实践中去探索。

关于语言，主要涉及教师的肢体语言、口头语言和书面语言。教师的肢体语言是如何实施的，身体动作如何体现对学生的接纳、宽容等而不会导致冷漠、控制、伤害等负面情绪，如何利用好教师的肢体语言；怎样的口头语言对于表达教师自身的内心情感是有帮助的，对于影响孩子比如唤起情感认同、情感共鸣、接纳等也都很有帮助，教师如何运用幽默机智调节情感气氛；教师在使用书面语言的时候应该掌握哪些基本技巧，所有这些需要通过教师在自己的行动中去观察、探索，形成个体化的教育经验研究，从而开发出一个最基本的、普及性的知识或线索，指导教师的教育实践。

关于行为，包括教师如何观察、识别学生的情绪反应并给予应答；如何倾听、灵活处理学生的情绪；如何通过行为表达对学生的尊重，平等交流；如何运用语言、体态、手势等鼓励和激起学生的积极情感，引导学生的情感方向和情绪强度；等等。

我们在总结、提炼、研究师生交往中教师情感表达的技巧、策略、经验的同时，也要深入思考，在全球化时代和社会转型的背景下，在基础教育阶段，有哪些情感主题是儿童生命发展历程中所不能缺席的，这样的情感如何更好地与儿童当下的生活经验对接；如何通过情感教育对儿童的人生观、价值取向进行重要的启蒙与内化，从而实现全球化时代“道德人”的培养。

后记

本手册是朱小蔓教授领衔主持的“全球化时代的‘道德人’培养——教师情感表达与师生关系构建”项目的主要研究成果之一，得到香港田家炳基金会的大力支持和资助。朱小蔓教授作为项目主持人，对手册的研究和编写工作给予了高屋建瓴的全方位指导，并亲自参与研讨实践，为该手册的出版付出了大量的心血和精力。

该手册面向小学教师，希望通过对教师情感表达的“识别—回应—调控”逻辑线索的梳理，帮助小学教师认识到教师情感表达对于良好师生关系建立的重要性，帮助小学教师构建起如何实施情感表达的认识框架及技能、策略、方法等，从而启发、带动小学教师开展行动研究，进行观察、反思、讨论、实践及再反思，希冀通过这种方式提升师生情感交往的质量，丰富师生交往的内在精神意蕴。

该手册是大学研究者与小学教师集体合作的智慧结晶。北京教育学院的刘胡权、中国教育科学研究院的刘巧利、天津师范大学的王慧等参与了前期的框架讨论及部分案例写作，中关村三小、中关村四小、清华附小等学校的教师参与了该手册的案例写作。北京中学的臬振洪老师对本书初稿提出了很多有价值的修改意见。此外，还有诸多老师对本书有贡献，在此不再一一罗列，一并表示感谢！

最后，衷心感谢香港田家炳基金会对该项目的大力支持，感谢朱小蔓教授的倾心付出，感谢项目团队各位老师的智慧贡献！

编　者

2018 年 8 月